KNIŽNICA
SVETOVÝCH BESTSELLEROV

TAJNÝ ŽIVOT STROMOV

PETER WOHLLEBEN

TAJNÝ ŽIVOT STROMOV

Čo cítia a ako komunikujú – objavte fascinujúci skrytý svet

TATRAN

Z nemeckého originálu Peter Wohlleben: Das geheime Leben der Bäume: Was sie fühlen, wie sie kommunizieren – die Entdeckung einer verborgenen Welt, ktorý vyšiel vo vydavateľstve Ludwig Verlag, München, a division of Verlagsgruppe Random House GmbH, München, Germany, Mníchov 2015,
preložila Katarína Széherová.
Vyšlo vo Vydavateľstve TATRAN, Bratislava 2016 ako 5083. publikácia a 137. zväzok edície LUK – Knižnica svetových bestsellerov.
Vydanie I.
Prebal a väzbu podľa pôvodného návrhu spracoval AldoDesign, Bratislava.
Zodpovedná redaktorka Eva Melichárková
Jazyková redaktorka Eva Mládeková
Technická redaktorka Eva Zdražilová
Sadzba RS servis, Bratislava
Vytlačila CPI Moravia Books, Pohořelice.

Preklad diela finančne podporil Literárny fond.

www.slovtatran.sk

:: knihy pre **hodnotnejší** život

ISBN 978-80-222-0799-7

Obsah

Úvod

Keď som si zvolil profesionálnu dráhu lesníka, vedel som o tajnom živote stromov asi toľko ako mäsiar o pocitoch zvierat. Moderné lesné hospodárstvo produkuje drevo, čiže vytína stromy a namiesto nich vysádza nové priesady. Pri čítaní odborných časopisov ľahko vzniká dojem, že ľudí zaujíma dobro lesa len do tej miery, do akej je to nutné pre optimálne vedenie lesného závodu. Pre každodenný život lesníka to stačí a takto sa postupne splošťuje jeho pohľad. Keďže som musel denne posúdiť, na čo sa na píle hodia stovky smrekov, bukov, dubov a borovíc a aká je ich trhová hodnota, moje vnímanie sa obmedzilo na tento uhol pohľadu.

Pred približne dvadsiatimi rokmi som začal organizovať pre turistov kurzy prežitia v prírode a výlety k zrubom. Neskôr k tomu pribudol urnový háj a pralesné prírodné rezervácie. V rozhovoroch s množstvom návštevníkov sa môj obraz lesa znova posunul na správne miesto. Krivé, hrčovité stromy, ktoré som dovtedy považoval za menejcenné, v turistoch budili nadšenie. Vedno s nimi som sa naučil všímať si nielen kmene a ich kvalitu, ale aj bizarné korene, nezvyčajné rastové útvary či hebké machové vankúšiky na kôre. Láska k prírode, ktorá sa vo mne prebudila, už keď som mal šesť rokov, sa rozhorela s novou silou. Zrazu som objavil nespočetné zázraky, ktoré som si nevedel celkom vysvetliť. Navyše Aachenská univerzita začala v mojom revíri uskutočňovať pravidelné výskumy. Vedci pritom našli odpovede na mnohé otázky a nespočetné ďalšie sa vynorili. Život lesníka bol pre mňa opäť zaujímavý, každý deň v lese mi pripomínal objaviteľskú výpravu. Obhospodarovanie lesa si vyžadovalo nezvyklú ohľaduplnosť. Človek, ktorý vie, že stromy cítia bolesť, že majú pamäť a že stromoví rodičia spolunažívajú so svojimi deťmi, ich už nemôže bez rozmyslu stínať a jazdiť okolo nich na veľkých mašinách. Tie som zo svojho revíru vypovedal už pred dvomi desaťročiami. A ak predsa len treba jednotlivé kmene vyrúbať, prácu obozretne vykonajú lesní robotníci s koňmi. Zdravý, ba možno šťastný les je podstatne produktívnejší, čo súčasne znamená vyššie príjmy. Tento argument presvedčil aj môjho zamestnávateľa, neveľkú obec Hümmel, a tak tu ani v budúcnosti neprichádza do úvahy nijaký iný spôsob hospodárenia. Stromy si vydýchli a vyzrádzajú ešte viac tajomstiev, najmä tie skupiny, čo nerušene žijú v novozriadených chránených oblastiach. Nikdy sa neprestanem od nich učiť, a to, čo som doteraz objavil pod listnatou klenbou, by sa mi predtým ani neprisnilo.

Pozývam vás, aby ste so mnou prežívali šťastie, ktoré nám poskytujú stromy. Nie je vylúčené, že pri najbližšej lesnej prechádzke sami objavíte nejeden malý či veľký zázrak.

Priateľstvá

Pred rokmi som v starej bučinovej rezervácii vo svojom revíri natrafil na zvláštne, machom obrastené kamene. Pri spätnom pohľade si uvedomujem, koľkokrát som okolo nich nevšímavo prešiel, jedného dňa som však zastal a sklonil som sa k nim. Kamene mali zvláštny tvar, mierne zakrivený s malými dutinami, a keď som mach trošku nadvihol, objavila sa pod ním kôra.

Tak to predsa len nebol kameň, ale kus starého dreva. A keďže bukové drevo na vlhkej pôde v priebehu niekoľkých rokov zhnije, prekvapilo ma, aké je ešte tvrdé. Navyše sa nedalo zdvihnúť, zjavne bolo pevne spojené so zemou. Vreckovým nožíkom som z neho opatrne zoškrabal kúsok kôry a narazil som na zelenú vrstvu. Zelenú? Toto farbivo sa vyskytuje ako železná rezerva len vo forme chlorofylu v čerstvých listoch a v kmeňoch živých stromov. To mohlo znamenať iba jedno – tento kus dreva predsa len nie je mŕtvy! Ostatné „kamene“ rýchlo doplnili logický obraz, pretože boli rozložené do kruhu s priemerom poldruha metra. Šlo o hrčovité zvyšky prastarého obrovského pňa. Zachovali sa iba časti niekdajšieho okraja a vnútro dávno zhnilo na humus, čo jasne dokazuje, že kmeň vyrúbali už pred 400 či 500 rokmi.

No ako sa mohli živé zostatky tak dlho uchovať? Veď bunky potrebujú potravu v podobe cukru, musia dýchať a aspoň trošku rásť. Bez listov, a teda bez fotosyntézy, je to však nemožné. Hladovku trvajúcu niekoľko storočí nevydrží nijaký živý tvor našej planéty, a to platí aj pre pozostatky stromov. Pre pne ponechané na seba. S týmto exemplárom to však bolo očividne inak. Dostalo sa mu pomoci od susedných stromov, a to prostredníctvom koreňov. Niekedy sú konce koreňov len voľne spojené s podhubím, ktoré im pomáha pri výmene živín, inokedy sú to priame zrasty. Nezisťoval som, ako to bolo v tomto prípade, nechcel som starému pňu kopaním uškodiť. Bolo však jasné, že okolité buky doň dodávali cukrový roztok, aby ho udržali pri živote. Na svahoch lemujúcich cesty, kde dážď odplavil pôdu a odkryl podzemný sieťový systém, občas vidno, že korene stromov sú prepojené.

V pohorí Harz vedci zistili, že je to naozaj súvislý systém, ktorý navzájom spája väčšinu jedincov jedného druhu v poraste. Výmena živín ako susedská výpomoc v prípade núdze je zrejme pravidlom, a toto poznanie viedlo k zisteniu, že les je superorganizmus, teda podobný útvar ako napríklad mravenisko.

Pravdaže by sme sa mohli spýtať, či korene stromov jednoducho bez rozmyslu a bezcieľne nerastú v zemi a vždy keď narazia na jedinca svojho druhu, nespoja sa s ním. Od tej chvíle si chtiac-nechtiac vymieňajú živiny, tvoria čosi ako sociálne spoločenstvo, pričom však ide len o náhodné odovzdávanie a prijímanie. Pekný obraz aktívnej pomoci by vystriedal princíp náhody, hoci aj takéto mechanizmy by lesnému ekologickému systému prospievali. Massimo Maffei z Turínskej univerzity v časopise *MaxPlanckForschung* (3/2007, s. 65) však konštatuje, že príroda takto jednoducho nefunguje. Rastliny, teda aj stromy, vedia odlíšiť vlastné korene od koreňov cudzieho druhu, ba aj od koreňov iných jedincov svojho druhu.

Lenže prečo sa stromy správajú takto sociálne, prečo sa delia o potravu s ďalšími jedincami svojho druhu a tak živia vlastnú konkurenciu? Dôvody sú rovnaké ako v ľudskej spoločnosti – spoločne sa im lepšie darí.

Strom nie je les, nedokáže si vytvoriť vyváženú miestnu klímu, je vydaný napospas nečasu. Naproti tomu veľa stromov vytvorí spoločnými silami ekosystém, ktorý odoláva extrémnym horúčavám a zimám, hromadí veľké zásoby vody a zvlhčuje vzduch. V takomto prostredí sú stromy chránené a dožívajú sa vysokého veku. Aby lesné spoločenstvo dosiahlo takýto stav, musí byť stoj čo stoj zachované. Keby sa každý jedinec staral len sám o seba, mnohí by sa nedožili vyššieho veku.

Priveľa úmrtí by spôsobilo mnoho veľkých dier v súvislej klenbe stromov, do lesa by ľahšie prenikali víchrice a mohli by vyvaliť ďalšie kmene. Letná horúčava by prenikla až k lesnej pôde a vysušila by ju. Všetci by trpeli.

Každý strom je teda užitočný pre spoločenstvo a zaslúži si, aby sa uchoval čo najdlhšie. Preto jeho členovia pomáhajú dokonca aj chorým jedincom a zásobujú ich živinami, kým sa znovu nevystrábia. Veď nie je vylúčené, že nabudúce sa karta obráti a ten, čo pomáha, bude sám potrebovať pomoc. Hrubé striebrosivé buky mi svojím správaním pripomínajú slonie stádo. Aj ono sa stará o svojich členov, pomáha chorým a slabým postaviť sa na nohy a nerado opúšťa mŕtvych príslušníkov svojho rodu.

Každý strom je súčasťou spoločenstva, no predsa existujú rozličné stupne koexistencie. Väčšina pňov pomaličky práchnivie a po niekoľkých desaťročiach (z hľadiska stromov je to veľmi rýchlo) sa premení na humus. Len málo jedincov zostane nažive po staročia ako vyššie opísaný „machový kameň". Prečo vznikajú takéto rozdiely? Že by aj stromy žili v triednej spoločnosti? Vyzerá to tak, ibaže výraz „trieda" nie je výstižný. O kolegovej ochote pomôcť rozhoduje skôr stupeň spolupatričnosti či dokonca náklonnosti. Zistíte to aj sami, keď sa zahľadíte do korún stromov. Konáre priemerného stromu zvyčajne rastú dovtedy, kým nenarazia na konáre rovnako vysokého suseda. Ďalej to nejde, lebo vzdušný, či presnejšie svetelný priestor je už obsadený. Haluze napriek tomu výrazne spevnejú, aby vznikol dojem, že hore zúri tvrdý boj. Ozajstné priateľské dvojice však od začiatku dbajú, aby v priestore medzi sebou nevytvárali priveľmi hrubé konáre. Nechcú sa navzájom ochudobňovať, preto vyháňajú silnejšie konáre iným smerom, k stromom, s ktorými nie sú v „priateľskom" zväzku. Takéto dvojice sú tak pevne spojené koreňmi, že niekedy dokonca spolu odumrú.

Takéto priateľstvá vedúce až k zásobovaniu susedných pňov spravidla nachádzame len v prirodzených lesoch. Možno ich vytvárajú všetky druhy stromov, sám som okrem bukov videl aj dlhoveké pne odpílených dubov, jedlí, smrekov a duglasiek. Umelo vysadené lesy, teda väčšina stredoeurópskych ihličnatých lesov, sa skôr správajú ako deti ulice z rovnomennej kapitoly. Pri vysádzaní sa korene trvalo poškodia a ťažko vytvoria sieťový systém. Stromy v takýchto lesoch sa spravidla správajú ako samotári, preto to majú nesmierne ťažké. Pravda, vo väčšine prípadov im nie je dopriaty pridlhý život, lebo ich kmene – v závislosti od druhu – lesníci považujú za zberovo zrelé vo veku približne sto rokov.

Reč stromov

Podľa pravopisného slovníka je reč schopnosť človeka vyjadrovať sa. Z tohto hľadiska vieme hovoriť len my, lebo slovník prisudzuje túto schopnosť len nášmu biologickému druhu. Lenže nebolo by zaujímavé zistiť, či sa nevedia vyjadrovať aj stromy? Lenže ako? Celkom isto ich nepočujeme, veď stromy sú úplne ticho. Vŕzganie vetiev, keď sa o seba trú vo vetre, šuchotanie lístia, to všetko sa deje pasívne, stromy to nijako neovplyvňujú. Prejavujú sa ináč: vonnými látkami. Vonné látky ako výrazové prostriedky? Ani nám ľuďom nie sú cudzie. Prečo by sme ináč používali dezodoranty a voňavky? Dokonca aj bez nich oslovuje náš pach vedomie a podvedomie iných ľudí, a to rovnakou mierou. Niektoré osoby nemôžeme ani cítiť, vôňa iných nás zase mocne priťahuje. Feromóny obsiahnuté v pote podľa názoru vedcov dokonca rozhodujú o výbere partnera, teda človeka, s ktorým chceme splodiť dieťa. To značí, že aj my poznáme tajnú reč vôní, a tú ovládajú aj stromy. Výsledok pozorovania z africkej savany má už štyri desaťročia.

Žirafy rady obhrýzajú albízie, no týmto stromom sa to vonkoncom nepáči. Aby sa bylinožravcov zbavili, v priebehu niekoľkých minút vypustia do listov jedovaté látky. Žirafy to vedia a presunú sa k vedľajším stromom. K vedľajším? Kdeže, obídu všetky jedince po ľavej strane a pokračujú v hodovaní o sto metrov ďalej. Dôvod je zarážajúci. Obhrýzané albízie vypúšťajú výstražnú plynnú látku (v tomto prípade etylén), ktorá signalizuje súkmeňovcom v okolí, že sa blíži pohroma. Nato začnú hromadiť jedovaté látky aj všetky varované stromy, aby sa pripravili na útok. Žirafy túto hru poznajú, preto zájdu o niečo ďalej, kde stromy ešte nič netušia. Alebo vykročia po savane proti vetru. Vonné posolstvá totiž odveje vánok k najbližším stromom po vetre, a keď zvieratá idú proti prúdeniu vzduchu, nablízku nájdu albízie, ktoré zatiaľ nemajú potuchy o ich prítomnosti. Takéto procesy sa odohrávajú aj v našich domácich lesoch. Či sú to buky, smreky alebo duby, všetky bolestivo vnímajú, keď ich niečo obhrýza. Keď sa húsenica riadne zahryzne do listu, tkanivo okolo rany sa zmení. Navyše vysiela elektrické signály, celkom ako ľudské telo pri poranení. Lenže tento impulz sa nešíri v priebehu milisekúnd ako v našom prípade, ale iba rýchlosťou jeden centimeter za minútu. Trvá teda celú hodinu, kým sa v listoch nahromadia obranné látky a prekazia cudzopasníkovi hodovanie.[1]

Stromy sú totiž pomalé a dokonca ani v prípade nebezpečenstva nie sú schopné dosiahnuť vyššiu rýchlosť. Napriek slimačiemu tempu nereagujú jednotlivé časti tela stromu vôbec izolovane. Ak sa napríklad dostanú do ťažkostí korene, informácia sa rozšíri do celého stromu a strom začne listami vypúšťať vonné látky. Nie hocijaké, ale špeciálne namiešané práve pre tento účel. To je ďalšia vlastnosť, ktorá im v najbližších dňoch pomôže odraziť útok – medzi množstvom druhov hmyzu dokážu rozoznať, o akého zloducha ide. Sliny každého druhu sú špecifické a možno ich odlíšiť. Dokonca tak úspešne, že za pomoci potravných feromónov môžu cielene privolať predátorov, ktorí sa radostne vrhnú na ich trýzniteľov a takto stromom pomáhajú. Bresty a borovice sa napríklad obrátia na drobné osy.[2] Tento hmyz kladie vajíčka do húseníc živiacich sa listami. Vyvíjajúce sa osie mláďatá kúsok po kúsku zvnútra požierajú väčšie húsenice motýľa – aká hrozná smrť! Ale stromy sa zbavia dotieravých parazitov a nerušene pokračujú v raste.

Rozlíšenie slín je navyše dôkazom ďalšej schopnosti stromov. Svedčí o tom, že majú aj chuťové vnemy.

Nevýhodou vonných látok je, že ich rýchlo odveje vietor. Preto sa často nedostanú ani do vzdialenosti 100 metrov. Pritom však spĺňajú aj ďalší účel. Signál vo vnútri stromu sa šíri veľmi pomaly, ale strom môže vzdušnou cestou plynulejšie prekonať väčšie vzdialenosti a oveľa rýchlejšie varovať iné časti vlastného tela, vzdialené od seba viac metrov.

Na obranu proti hmyzu často nie je nutné špeciálne volanie o pomoc. Živočíšna ríša registruje chemické posolstvá stromov, teda vie, že práve prebieha útok a nablízku sú útočiace druhy. Kto má chuť na tieto drobné organizmy, toho vonné látky neodolateľne priťahujú. Lenže stromy sa vedia brániť aj samy. Napríklad duby vylučujú do kôry a listov horké a jedovaté triesloviny. Tieto požierajúci hmyz buď zahubia, alebo natoľko zmenia chuť potravy, že chutný šalát sa zmení na štipľavú žlč. Vŕby si vytvárajú na obranu salicín, ktorý má podobný účinok. Na nás ľudí to však neplatí, práve naopak – čaj z vŕbovej kôry zmierňuje bolesti hlavy a horúčku, považujeme ho za predchodcu aspirínu.

Takáto obrana si, pravdaže, vyžaduje čas. Preto má pri varovaní pred nebezpečenstvom rozhodujúci význam spolupráca. Stromy sa pritom nespoliehajú výlučne na vzduch, lebo tak by sa o nebezpečenstve nedozvedel každý sused. Radšej vysielajú posolstvá aj koreňmi, lebo tie spájajú do siete všetky jedince a pracujú nezávisle od počasia. Správy sa prekvapivo šíria nielen chemickou, ale aj elektrickou cestou rýchlosťou jeden centimeter za sekundu. V porovnaní s naším telom je to, pochopiteľne, extrémne pomaly, ale aj v živočíšnej ríši existujú druhy, napríklad medúzy alebo červy, u ktorých vykazuje rýchlosť vedenia vzruchu podobné hodnoty.[3]

Keď sa novinka rozšíri, všetky okolité duby okamžite začnú čerpať do ciev triesloviny. Korene stromu siahajú veľmi ďaleko, ďalej ako je dvojnásobok šírky jeho koruny. Tak dochádza k prekríženiu podzemných výhonkov susedných stromov a ku kontaktom prostredníctvom zrastov. Nie však zakaždým, veď aj v lese bývajú samotári a čudáci, ktorí nechcú mať so svojimi kolegami nič spoločné. Môžu takíto hundroši blokovať poplašné hlásenie, ak ho jednoducho ignorujú? Našťastie nie, lebo vo väčšine prípadov sa do procesu zapoja aj huby, čo zaručí rýchle šírenie správ. Podhubie funguje ako optické vlákna so skleným jadrom pri internete. Tenké vlákna preniknú cez pôdu a nepredstaviteľne husto ju popretkávajú. Jedna čajová lyžička lesnej pôdy obsahuje niekoľko kilometrov takýchto „hýf“[4].

Jediná huba môže v priebehu storočí rozšíriť podhubie na viacero štvorcových kilometrov a spojiť tak do siete celé lesy. Cez svoje potrubie vysiela signály od jedného stromu k druhému a umožňuje im vymieňať si informácie o hmyze, suchu a iných nebezpečenstvách. Dokonca aj veda hovorí o „wood-wide-webe“, ktorý pretkáva naše lesy.

Aké informácie a v akom rozsahu sa ním šíria, vie dnešná veda len v náznakoch. Nie je vylúčené, že vzájomné kontakty si vytvárajú aj rozličné druhy stromov, dokonca aj vtedy, ak sa navzájom považujú za konkurenciu. Huby zasa sledujú vlastnú stratégiu, a jej úlohou je spájať a vyvažovať rozdiely.

Ak sú stromy oslabené, ochabne nielen ich obranyschopnosť, ale i zhovorčivosť. Ťažko si inak vysvetliť, prečo si útočiaci hmyz zámerne vyberá chúlostivé jedince. Je možné, že stromom načúva, registruje ich vzrušené chemické varovné signály a mĺkve exempláre testuje zahryznutím do listu či kôry. Možno je mlčanlivosť skutočne dôsledkom vážneho ochorenia, zavše aj straty hubovej spleti, čo strom izoluje od príjmu všetkých informácií. Prestane registrovať blížiacu sa pohromu a hodovanie húseníc a chrobákov sa môže začať. Rovnako háklivé sú už spomenutí čudáci, ktorí síce vyzerajú zdravo, ale zostávajú v nevedomosti.

V lesnom životnom spoločenstve si takto vymieňajú informácie nielen stromy, ale aj kry a trávy, ba možno všetky rastlinné druhy. Keď vkročíme na pole, nastane hrobové ticho. Naše kultúrne rastliny prišli šľachtením o schopnosť komunikácie, či už nad zemou alebo pod ňou. Sú takmer hluché a nemé, a preto sa stávajú ľahkou korisťou hmyzu.[5] To je jeden z dôvodov, prečo moderné poľnohospodárstvo používa toľko postrekov. Možno by v budúcnosti pestovatelia mohli čo-to odkukať od lesa a vhodným krížením vrátiť obiliu a zemiakom za hrsť divočiny a zároveň zhovorčivosti.

Komunikácia medzi stromami a hmyzom sa nemusí týkať len obrany a chorôb. Sami ste možno spozorovali, či skôr zavoňali, že medzi týmito celkom odlišnými tvormi existuje aj množstvo vyslovene pozitívnych signálov. Ide o príjemné vonné posolstvá kvetov. Tie totiž nevypúšťajú arómu náhodne alebo azda preto, aby sa nám zapáčili. Ovocné stromy, vŕby či gaštany olfaktorickými správami na seba upozorňujú a pozývajú včely, aby si u nich naplnili nádrž. Sladký nektár, koncentrovaná cukrová šťava, je odmena za opelenie, ktoré hmyz popritom mimovoľne zabezpečuje. Aj tvar a farba kvetov je signálom, pripomínajúcim reklamnú tabuľu, ktorá sa zreteľne vyníma v zelenej rozmanitosti koruny stromu a ukazuje cestu k občerstveniu. Stromy teda komunikujú prostredníctvom pachov, optickými a elektrickými signálmi (pomocou akýchsi nervových buniek v špičkách koreňov). A ako je to so zvukmi, teda so sluchom a s rečou?

Hoci som na začiatku tejto kapitoly povedal, že stromy sú úplne ticho, najnovšie poznatky spochybňujú aj toto tvrdenie. Monica Gagliano z University of Western Australia spolu s kolegami načúvala zvukom pod zemou.[6] Stromy by ťažko dostali do laboratória, preto namiesto nich skúmali obilné semenáčiky, s ktorými sa ľahšie manipuluje. A skutočne – meracie prístroje čoskoro zaznamenali tichý praskot koreňov s frekvenciou 220 Hz. Praskajúce korene? To ešte nemusí nič znamenať, veď aj mŕtve drevo praská, aspoň keď horí v peci. Lenže zvuky zistené v laboratóriu vzbudili pozornosť, lebo na ne reagovali korene ostatných semenáčikov. Vždy keď zachytili praskanie s frekvenciou 220 Hz, natočili špičky k nemu. To znamená, že tráva túto frekvenciu vníma, pokojne môžeme povedať, že ju „počuje". Výmena informácií akustickými vlnami? To vzbudzuje záujem, treba sa dozvedieť viac, lebo aj my ľudia sme uspôsobení na komunikáciu akustickými vlnami a mohol by to byť kľúč k lepšiemu pochopeniu stromov. Nedokážeme si predstaviť, čo by to znamenalo, keby sme si mohli vypočuť, či sa buky, duby a smreky majú dobre a či im niečo nechýba. Tak ďaleko sme sa však ešte nedostali, výskum na tomto poli je zatiaľ v plienkach. Ale keď pri najbližšej lesnej prechádzke začujete praskot, možno to nebol iba vietor…

Sociálny úrad

Záhradkári sa ma často pýtajú, či stromy v ich záhrade nestoja príliš blízko seba. Vtedy by si navzájom kradli svetlo a vodu. Táto obava má korene v lesnom hospodárstve. Stadiaľ pochádza názor, že kmene stromov majú čo najrýchlejšie zhrubnúť, aby dosiahli zberovú zrelosť, a na to potrebujú veľa miesta a rovnomerne okrúhlu veľkú korunu. Preto ich lesníci v pravidelných päťročných intervaloch oslobodzujú od domnelých nepriateľov - tých jednoducho vytnú. Keďže stromy sa nedožijú staroby, veď už ako storočné putujú do píly, nestihnú sa u nich prejaviť negatívne zdravotné dopady. O akých negatívnych dopadoch hovoríme? Vari nie je logické, že strom rastie lepšie, keď ho zbavia dotieravej konkurencie, jeho koruna disponuje dostatkom slnečného svetla a korene hojnosťou vody? Pre jedince prislúchajúce k rozličným druhom to naozaj platí. Tie vskutku navzájom zápasia o miestne zdroje. Lenže u stromov rovnakého druhu je situácia iná. Už som spomenul, že napríklad buky sú schopné priateľstva a dokonca sa vzájomne zásobujú živinami. Les očividne nemá záujem prichádzať o slabších členov. Zbytočne by vznikali medzery, ktoré by narúšali citlivú mikroklímu s pološerom a vysokou vlhkosťou vzduchu. V opačnom prípade by sa každý strom mohol slobodne rozvíjať a viesť individuálny život. Mohol by, lebo buky veľmi dbajú o spravodlivosť. Vanessa Bursche z Aachenskej univerzity zistila, že v nenarušených bukových lesoch možno objaviť niečo nezvyčajné, pokiaľ ide o fotosyntézu. Stromy sa zjavne synchronizujú v zmysle podávania rovnakého výkonu. A to nie je samozrejmé. Každý buk stojí na jedinečnom mieste. Či je zem kamenistá alebo sypká, či hromadí veľa vody alebo takmer žiadnu, či má naporúdzi bohatú ponuku živín alebo je extrémne neúrodná – podmienky sa môžu v rámci niekoľkých metrov značne líšiť. V súlade s tým má každý strom iné predpoklady rastu, vďaka nim rastie rýchlejšie alebo pomalšie, teda vytvára viac alebo menej cukru a dreva. O to prekvapivejší je výsledok tejto výskumnej práce. Stromy si navzájom vyvažujú svoje slabé a silné stránky. Bez ohľadu na to, či sú tenké alebo hrubé, všetky jedince svojho druhu produkujú v jednom liste podobné množstvá cukru. Vyvažovanie sa deje pod zemou v koreňoch. Tu zjavne prebieha čulá výmena. Ten, kto má nadbytok, časť odovzdáva a chudobnejší dostávajú dávky v núdzi. Na tomto procese sa podieľa viacero húb, ich obrovský sieťový systém funguje ako gigantický prerozdeľovací stroj. Trochu to pripomína systém sociálnej pomoci, ktorý takisto bráni tomu, aby niektorí členovia našej spoločnosti klesli príliš hlboko.

Buky nikdy nerastú ďaleko od seba, práve naopak – obľubujú skupinové túlenie. Kmene sú jeden od druhého často vzdialené menej ako meter. Preto majú malé, stlačené koruny a mnohí lesníci si myslia, že to stromom neprospieva. Preto ich prerieďujú výrubom, čiže tie zdanlivo nadbytočné odstraňujú. Ale kolegovia z Lübecku zistili, že bukový les, ktorého obyvatelia stoja tesne pri sebe, je produktívnejší. Zreteľný ročný nárast biomasy, najmä drevnej, je dôkazom zdravia populácie stromov. Spoločnými silami je možné optimálne rozdeliť živiny a vodu medzi všetky jedince, takže každý strom sa môže dostať do vrcholnej formy. Ak „pomôžeme“ jednotlivým exemplárom zbaviť sa domnelej konkurencie, zo zvyšných stromov sa stanú samotári. Kontakty so susedmi skončia fiaskom, lebo po nich zostali len pne. Teraz sa každý po svojom snaží vyrovnať s faktom, že vznikajú veľké rozdiely v produktivite. Niektoré jedince sa divoko pustia do fotosyntézy a cukor z nich len tak tryská. V dôsledku toho lepšie rastú a sú fit, no napriek tomu nežijú veľmi dlho. Strom sa má totiž dobre vždy len do tej miery ako okolitý les. A v ňom teraz žije veľa nešťastníkov. Slabší členovia, ktorým doteraz silnejší pomáhali, sa zrazu dostávajú do nevýhodnej pozície. Či už je na vine ich stanovište a chýbajúce živiny, momentálna indispozícia alebo genetická výbava, zrazu sa stávajú ľahkou korisťou hmyzu a húb. Azda to nie je v súlade s evolúciou, kde prežívajú iba silnejší? Stromy by nad tým zakrútili hlavou, teda korunou. Pre svoje blaho nutne potrebujú spoločenstvo. Ak sa vytratia zdanlivo bezvládne jedince, prehrávajú aj všetci ostatní. Les stráca celistvosť, do pôdy preniká horúce slnko a prudký vietor a mení vlhkú a chladnú klímu. Aj mocné stromy v priebehu života niekoľko ráz ochorejú a vtedy sú odkázané na pomoc slabších susedov. Ak ich niet, stačí nenápadné napadnutie hmyzom a osud giganta je spečatený.

Raz som sám inicioval nezvyčajný prípad pomoci. V prvých rokoch vo funkcii lesníka som dal krúžkovať mladé buky. Pri krúžkovaní sa vyreže pruh kôry do výšky jedného metra so zámerom, aby strom odumrel. To je jedna z metód prerieďovania lesa, kmene sa nevypília, ale vyschnuté stromy zostanú v lese ako mŕtve drevo. Napriek tomu doprajú živým stromom viac miesta, lebo ich bezlisté koruny prepúšťajú viac svetla. Zdá sa vám to bezcitné? Aj mne, lebo smrť nastane až po niekoľkých rokoch, preto by som také niečo v budúcnosti už nerobil. Sledoval som, ako urputne buky bojujú, niektoré dokonca živoria dodnes. Za normálnych okolností by to nebolo možné, veď strom bez kôry nemôže privádzať cukor z listov ku koreňom. Stromy hladujú, zastavia čerpanie tekutín a keďže cez drevo kmeňa do koruny neprúdi voda, strom vysychá. Mnohé jedince však viac-menej veselo rástli ďalej. Dnes viem, že to bolo možné len s pomocou ich zdravých susedov. Tí cez podzemnú sieť vzali na svoje plecia prerušené zásobovanie koreňov a umožnili svojim kamarátom prežiť. Podaktorým sa dokonca podarilo zaceliť medzeru a vyrástla im nová kôra. Priznávam, že keď dnes vidím, čo som vtedy napáchal, vždy sa troška zahanbím. Ale aspoň som sa pritom naučil, akej sily je schopné spoločenstvo stromov. Reťaz je len taká silná ako jej najslabší článok – túto starú remeselnícku múdrosť pokojne mohli vymyslieť aj stromy. A keďže to intuitívne vedia, bez váhania si navzájom vypomáhajú.

Láska

Rozvážnosť stromov sa prejavuje aj pri rozmnožovaní – reprodukciu plánujú najmenej rok vopred. Či sa zaľúbia každú jar, závisí od príslušnosti k druhu. Kým ihličnany vysielajú svoje semená na cestu podľa možnosti každý rok, listnaté stromy používajú celkom inú stratégiu. Prv než zakvitnú, dohovoria sa medzi sebou. Mám sa na jar do toho pustiť, alebo radšej rok-dva počkať? Lesné stromy by najradšej kvitli všetky odrazu, vtedy sa môžu najlepšie premiešať gény mnohých jedincov. To platí aj pre ihličnany, ibaže listnaté stromy zohľadňujú ešte ďalší dôvod: diviaky a srnky. Tieto zvieratá majú veľký zálusk na bukvice a žalude, ktoré im pomáhajú obaliť sa na zimu hrubou vrstvou tuku. Plody ich neodolateľne priťahujú, lebo obsahujú 50 percent tuku a škrobu – viac nemá žiadna iná potrava. Na jeseň často kompletne prehľadajú zalesnené územia, vyzbierajú všetko do poslednej omrvinky, a na jar potom nemá z čoho vyklíčiť potomstvo. Preto sa stromy navzájom dohovoria. Ak nezakvitnú každý rok, diviaky a srnky si nezvyknú na pravidelný prísun potravy z tohto zdroja. Ich potomstvo sa udrží v rozumných medziach, lebo kotné zvieratá musia v zime prekonať dlhé obdobie nedostatku a mnohé z nich to neprežijú. Keď potom zrazu zas zakvitnú všetky buky či duby a vytvoria plody, málopočetné bylinožravce nevládzu všetko požrať a v lese zostane dostatok neobjavených semien, ktoré môžu vyklíčiť. Počas týchto rokov môžu diviaky strojnásobiť percento pôrodnosti, lebo cez zimu nájdu dostatok potravy. Z minulosti pochádza termín „úrodné roky“, vzťahuje sa na roky, keď plodia buky a duby. Hojnú úrodu kedysi využívalo vidiecke obyvateľstvo, keď skrotených diviačích príbuzných – domáce prasce – nahnalo do lesov, aby sa pred zakáľačkou vykŕmili divými plodmi a získali riadnu vrstvu tuku. Stav diviačej zveri v nasledujúcom roku zvyčajne prudko poklesne, lebo stromy majú opäť prestávku a lesná pôda zíva prázdnotou.

Kvitnutie v intervale niekoľkých rokov má rovnako nepriaznivé dôsledky pre hmyz, zvlášť pre včely. Pre ne platí to isté ako pre diviaky – viacročná pauza spôsobí prudký pokles ich stavu. Či skôr by spôsobila, keby nebolo nesmierne ťažké vybudovať veľké včelie populácie. Z akého dôvodu? Pravé lesné stromy kašľú na svojich drobných pomocníkov. Načo by im bola hŕstka opeľovačov, keď stovky štvorcových kilometrov pokrývajú milióny ich rozkvitnutých kvetov? Stromy si musia vymyslieť niečo iné, spoľahlivejšie, čo si nežiada nijakú daň. Čo sa ponúka viac, než ako pomocníka využiť vietor? Ten vyfukuje z kvetov jemnučký peľ a odnáša ho k susedným stromom. Vzdušné prúdy majú ešte jednu výhodu – neprekážajú im nižšie teploty, dokonca ani tie pod dvanásť stupňov, keď včelám začína byť príliš chladno a ostávajú doma. Pravdepodobne preto túto stratégiu využívajú aj ihličnaté stromy. V podstate by ju nepotrebovali, lebo kvitnú pravidelne každý rok. Diviakov sa báť nemusia, veď drobunké oriešky smreku a spol. nepredstavujú atraktívny zdroj potravy. Jestvujú síce vtáky ako krivonos smrekový, ktorý – ako už prezrádza jeho meno – silnou zakrivenou špičkou zobáka otvára šišky a vyzobáva z nich semená, lenže z hľadiska celkového množstva to nepredstavuje väčší problém. A keďže máloktoré zviera si buduje na zimu zásoby semien ihličnatých stromov, stromy opatrili svojich potencionálnych potomkov krídlami, aké má helikoptéra. Na nich pomaly klesajú z konára a vietor ich poľahky odnesie. Prestávky à la buk alebo dub nepotrebuje zaraďovať nijaký ihličnan.

Jedle a spol. tvoria obrovské množstvá peľu, akoby chceli pri párení pretromfnúť listnaté stromy. Až také obrovské, že stačí jemný vánok a nad zakvitnutými ihličnatými lesmi sa vzdúvajú mohutné mračná prachu, až to vyvoláva dojem, akoby sa z korún dymilo. Pritom sa nevyhnutne vynára otázka, ako v takomto zmätku zabrániť príbuzenskej plemenitbe. Stromy dodnes prežili vďaka tomu, že v rámci jedného druhu vykazujú veľkú genetickú rozmanitosť. Ak všetky súčasne rozprašujú peľ, drobné zrniečka všetkých jedincov sa premiešajú a nevynechajú ani jednu korunu. Keďže peľové zrniečka sa v najvyššej miere koncentrujú práve okolo vlastného tela, vzniká veľké nebezpečenstvo, že napokon oplodnia vlastné samičie kvety. Lenže práve tomuto sa stromy z vyššie uvedeného dôvodu bránia. Na obranu si vytvorili rôzne stratégie. Niektoré druhy – napríklad smrek – stavili na správne načasovanie. Samčie a samičie kvety na jednom strome sa otvárajú s niekoľkodňovým odstupom, preto samičie kvety prevažne oplodnia peľové zrniečka iných súkmeňovcov. Čerešne vtáčie, ktoré sa spoliehajú na hmyz, nemajú túto možnosť. U nich sú samčie aj samičie pohlavné orgány umiestnené v tom istom kvete. Navyše ich ako jeden z mála pravých lesných druhov opeľujú včely, ktoré systematicky prehľadávajú celú korunu a pritom prirodzene roznášajú ich vlastný peľ. Lenže čerešňa je vnímavá a vycíti hroziace nebezpečenstvo príbuzenskej plemenitby. Peľové zrniečko, ktorého jemné hadičky pri stretnutí so samičou jazvičkou skúšajú vniknúť dnu a preniknúť k vaječnej bunke, je vystavené skúške. Ak ide o vlastný peľ, výbežky prestanú rásť a zakrpatejú. Testom prejde len cudzia dedičná výbava, ktorá sľubuje úspech a neskôr vytvorí semená a kvety. Ako strom rozlíši, čo je vlastné a čo cudzie? Dodnes to presne nevieme. Známe je iba to, že gény sa skutočne aktivizujú a že musia byť vhodné. Mohli by sme povedať, že strom to vycíti. Vari nie je aj naša telesná láska viac než len vyplavovanie chemických látok, aktivizujúcich vylučovanie telesných tekutín? Ako však párenie prežívajú stromy, zostane zrejme ešte dlho v ríši špekulácií.

Niektoré druhy sa bránia incestu veľmi dôsledne tak, že každý jedinec je iba jedného pohlavia. Existujú napríklad samčie a samičie vŕby rakytové, ktoré sa nemôžu rozmnožovať samy, ale vždy iba s inými stromami. Vŕby však nie sú pravé lesné stromy. Nájdeme ich na pionierskych stanovištiach, teda všade tam, kde ešte nerastie les. Keďže na takýchto plochách rastú tisíce kvitnúcich bylín a kríkov, ktoré vábia včely, vŕby pri opeľovaní taktiež stavili na hmyz. Lenže tu vyvstáva problém. Včely najprv musia zaletieť k samčím vŕbam, tam nabrať peľ a preniesť ho k samičím stromom. V opačnom poradí by nedošlo k oplodneniu. Ako to strom zariadi, keď jedince oboch pohlaví kvitnú súčasne? Vedci zistili, že všetky vŕby vylučujú feromón, ktorý privoláva včely. Len čo hmyz dorazí do cieľovej stanice, riadi sa optickými vnemami. Z tohto hľadiska sa mimoriadne činia samčie vŕby, ktoré žiaria jasnožltými jahňadami. Tak obrátia pozornosť včiel najprv k sebe. Keď sa hmyz nasýti prvej sladkej potravy, zvrtne sa a navštívi nenápadné zelené kvety samičích stromov.[7]

Príbuzenská plemenitba, ako ju poznáme u cicavcov – teda rozmnožovanie v rámci navzájom príbuznej populácie – je vo všetkých troch vyššie uvedených prípadoch napriek tomu možná. A tu sa v rovnakej miere snaží vietor aj včely. Oba faktory prekonávajú väčšie vzdialenosti, čím sa dosiahne, že aspoň časť stromov sa dostane k peľu svojich vzdialených súkmeňovcov, čo stále obohacuje miestny genetický fond. Len úplne izolované výskyty zriedkavých druhov stromov, kde rastie pospolu iba niekoľko jedincov, môžu stratiť mnohotvárnosť, budú čoraz menej odolné, až napokon o niekoľko storočí vymiznú nadobro.

Lotéria stromov

Stromy žijú vo vnútornej rovnováhe. Starostlivo si rozvrhujú sily, musia dobre gazdovať, aby uspokojili všetky svoje potreby. Jedna porcia energie ide do rastu. Predlžujú sa konáre, kmeň nadobúda väčší priemer, aby uniesol rastúcu váhu. Strom si ponechá malú rezervu pre prípad, že by ho napadol hmyz alebo huby, aby mohol okamžite zareagovať a zaktivovať obranné látky v listoch a v kôre. Napokon ešte zostáva rozmnožovanie. Každoročne kvitnúce druhy sa pripravujú na tento namáhavý akt svedomito rovnomerným rozložením síl. Ale druhom ako buk alebo dub, ktoré kvitnú raz za tri až päť rokov, takáto udalosť naruší rovnováhu. Väčšinu energie si už naplánovali na iné účely, navyše produkujú bukvice a žalude v takom množstve, že všetko ostatné musí ísť bokom. Začína sa to miestom na konároch. Kvety nenachádzajú voľný fliačik, preto im musí zodpovedajúce množstvo lístia uvoľniť miesto. Keď kvety zvädnú a opadnú, stromy pôsobia zvláštnym ošklbaným dojmom. Preto neprekvapuje, že správy o stave lesa v tých rokoch referujú o preriedenom stave koruny u príslušných druhov. Keďže všetky jedince kvitnú v rovnakom čase, les vyzerá na prvý pohľad chorý.

Chorý síce nie je, ale predsa len je menej odolný. Bohatosť kvetov si totiž vyžaduje nasadenie posledných rezerv, zredukovaná listová masa navyše produkuje menej cukru ako po iné roky. Väčšina cukru skončí v semenách premenená na olej a tuk, takže máločo zostane pre samotný strom a jeho zimné zásoby. Nehovoriac o energetických rezervách, ktoré sú vlastne určené na obranu pred chorobami. Práve na tento stav čaká množstvo hmyzu. Napríklad dvojmilimetrový skákač bukový nakladie do čerstvého, bezbranného lístia milióny vajíčok. Jeho drobné larvy vyžierajú plytké chodbičky medzi hornou a dolnou stranou listu a zanechávajú hnedé škvrnky. Dospelý chrobák vyhrýza do listov dierky a listy potom vyzerajú, akoby do nich poľovník strieľal brokovnicou. V podaktorých rokoch sú buky napadnuté natoľko, že z diaľky sú skôr hnedej ako zelenej farby. Za normálnych okolností by sa stromy bránili, hmyzu by v pravom zmysle slova strpčili pochúťku. Ale pri kvitnutí im dôjde dych, preto musia v tejto sezóne znášať útok mlčky. Zdravé jedince to zvládnu, najmä ak nasleduje viac rokov na zotavenie. Ak bol buk už predtým chorľavý, napadnutie hmyzom preň môže znamenať definitívny koniec. I keby to strom vedel vopred, nedal by sa odradiť od kvitnutia. Z obdobia intenzívneho vymierania lesov je známe, že často zakvitnú práve extrémne poškodené exempláre. Pravdepodobne sa chcú ešte rýchlo rozmnožiť, prv než smrťou navždy zanikne ich genetická výbava. Podobný efekt vyvolávajú „storočné letá" s extrémnymi suchami, ktoré privádzajú na pokraj existencie mnohé stromy, čo spôsobí, že ďalší rok zakvitnú všetky spoločne. To zároveň vysvetľuje, že nadbytok žaluďov a bukvíc nepredpovedá mimoriadne studenú nadchádzajúcu zimu. Veď kvety sa vytvárajú ešte v lete predchádzajúceho roka, takže bohatstvo plodov ponúka iba spätný pohľad na minulý rok.

Nízka odolnosť sa opäť prejaví na jeseň, konkrétne vo vnútri semien. Skákač bukový prevŕtava aj semenníky, pričom sa síce môžu tvoriť bukvice, ale zostanú prázdne, teda jalové, bezcenné.

Keď semená popadajú na zem, každý druh stromu uplatňuje vlastnú stratégiu, pokiaľ ide o čas klíčenia. Akože čas? Veď ak zrnká ležia v mäkkej, vlhkej pôde, musia predsa v teplom jarnom slnku vyklíčiť okamžite. Koniec koncov, každý deň, ktorý embryá stromov bezbranne preležia na zemi, je nanajvýš nebezpečný. Veď diviaky a srnky majú apetít aj na jar. Veľkoplodé druhy ako buky a duby to robia presne takto: Z bukvíc a žaluďov čo najskôr vyrastá potomstvo, aby bolo pre bylinožravce menej príťažlivé. A keďže nemajú v pláne nič iné, semená si nepripravili dlhodobú obrannú stratégiu proti hubám a baktériám. Spachtoši, čo zmeškali klíčenie a uprostred leta sa nečinne povaľujú, do najbližšej jari zhnijú. Mnohé iné druhy však dávajú svojim semenám šancu rok či viac rokov čakať a potom sa činiť. Takáto stratégia síce obsahuje zvýšené riziko, že poslúžia ako potrava, ale prináša aj značné výhody. Počas suchej jari môžu semenáčiky zahynúť od smädu – v tom prípade bolo celé úsilie s cieľom zabezpečiť potomstvo márne. Alebo si srnka vyberie revír a ťažiskový bod výživy práve na mieste, kam dopadli semená. Čerstvé, len niekoľkodňové chutné lístočky klíčkov jej putujú rovno do žalúdka. Ale ak časť semien vyklíči až o rok či o niekoľko rokov, zvýši sa šanca, že zopár stromčekov vyrastie. Presne tak to robí jarabina vtáčia. Jej zrniečka môžu oddychovať až päť rokov a za priaznivých podmienok sa prebudia. Pre typického pioniera medzi stromami je to vhodná stratégia. Kým bukvice a žalude zakaždým padajú pod materské stromy a klíčky vyrastajú v predvídateľnej, príjemnej klíme, malé jarabiny môžu skončiť kdekoľvek. Veď je to vec náhody, kde vták, ktorý skonzumoval trpký plod, semienko z tela vylúči. Ak semeno vrátane hnojivového balíčka padne na nechránenú plochu, extrémne roky s mimoriadne vysokými teplotami a nedostatkom vody sa tam podpíšu oveľa zreteľnejšie ako v chladno-vlhkom tieni starých lesov. Vtedy je lepšie, keď sa aspoň určitá časť čiernych pasažierov prebudí k novému životu až o niekoľko rokov.

A po prebudení? Aké sú šance mláďat stromov, že raz skutočne vyrastú a samy privedú na svet potomstvo? To sa dá pomerne ľahko vyrátať. Zo štatistického hľadiska si každý strom vychová jedného nástupcu, ktorý neskôr zaujme jeho miesto. Pokým sa to nestane, semienka síce môžu vyklíčiť a mladé výhonky viac rokov, ba aj desaťročí vegetovať v tieni, ale jedného dňa im dôjde dych. Nie sú predsa jediné. Pod matkinými nohami rastú desiatky ďalších ročníkov a väčšina jedincov sa postupne vzdáva a mení sa na humus. Iba niekoľko šťastlivcov, ktorých vietor alebo zvieratá dopravia na voľný fliačik lesnej pôdy, sa môže nerušene prebudiť k životu a dospieť.

Vráťme sa k ich šanciam. Buk vyprodukuje každých päť rokov najmenej 30 000 bukvíc (vďaka klimatickým zmenám už dokonca každé dva či tri roky, ale to teraz neberme do úvahy). Vo veku 80 až 150 rokov, podľa toho, koľko svetla má na svojom stanovišti, pohlavne dospieva. Pri predpokladanom maximálnom veku – 400 rokov – môže teda najmenej 60 ráz priniesť plody a vytvoriť okolo 1,8 milióna bukvíc. Z jednej vyrastie dospelý strom – a to je na lesné pomery úspech, porovnateľný so šiestimi uhádnutými číslami v športke. Všetky ostatné nádejné embryá buď požerú zvieratá, alebo sa pod vplyvom húb a baktérií rozložia na humus. Podľa rovnakej schémy si vypočítajme, aké šance sa núkajú mláďatám stromov v nepriaznivom prípade, povedzme u topoľov. Materské stromy vyprodukujú až 26 miliónov semien ročne.[8] Ako rady by títo drobci menili s potomstvom buka! Veď kým odstúpia ich rodičia, vytvoria až miliardu zrniek, ktoré za pomoci páperového poťahu odletia do nových končín. Aj v tomto prípade máme čisto štatisticky jediného víťaza.

Len pekne pomaly

Sám som dlho netušil, ako pomaly rastú stromy. V mojom revíri sa vyskytujú mladé buky vysoké jeden až dva metre. Kedysi by som im bol hádal maximálne desať rokov. Keď som sa začal zaoberať tajomstvami stromov presahujúcimi okruh záujmov lesného hospodárstva, zobral som si ich pod drobnohľad. Vek mladých bukov možno pomerne dobre odhadnúť podľa drobných uzlíkov na konároch. Sú to miniatúrne zhrubnuté miesta, pripomínajúce zväzok jemnučkých vrások. Tvoria sa každý rok pod pukmi. Keď púčiky najbližšiu jar vyženú, konár sa predĺži a zanechá uzlík. To sa opakuje každý rok, takže počet uzlíkov je identický s vekom stromu. Keď vetvička zhrubne na viac ako tri milimetre, uzlík zmizne pod vyrastajúcou kôrou.

U mladých bukov, ktoré som skúmal, sa ukázalo, že na dvadsaťcentimetrovom konáriku sa nachádza 25 takýchto zhrubnutí. Na pníku hrubom jeden centimeter síce už nebolo možné nájsť indície veku, ale keď som opatrne prepočítal vek konárov na celkový vek, stromček musel mať najmenej 80 rokov, ba možno aj omnoho viac. To sa mi zdalo neuveriteľné dovtedy, kým som sa nezačal bližšie venovať téme pralesa. Odvtedy viem, že je to úplne normálne. Mladé stromčeky by najradšej rýchlo rástli a výškový nárast pol metra za sezónu by pre ne nebol žiadny problém. Žiaľ, vlastné matky im to nedovolia. Svojimi obrovskými korunami zatieňujú celé potomstvo a s ostatnými dospelými stromami vytvárajú nad lesom hustú strechu. Tá prepúšťa len tri percentá slnečného svitu na pôdu a na lístie mláďat. Tri percentá – to je prakticky nič. S ich pomocou môže prebiehať len toľko fotosyntézy, aby neodumrelo telo. To však nestačí na riadny výhonok, nieto ešte hrubší pník. Stromčeky sa nemôžu vzbúriť proti drastickej výchove, chýba im energia. Akej výchove? Áno, skutočne ide o pedagogické opatrenie, zamerané výlučne na dobro potomstva. Apropo, tento výraz sme si nevycicali z prsta, používajú ho celé generácie lesníkov na pomenovanie presne tohto javu.

Výchovným prostriedkom je obmedzenie svetla. Lenže na čo slúži? Azda rodičia nechcú, aby sa ich potomstvo čo najskôr osamostatnilo? Stromy by sa určite proti tomu vehementne ohradili a podporili by ich aj najnovšie vedecké výskumy. Tie zistili, že pomalý rast v mladosti je predpokladom na dosiahnutie vysokého veku. My ľudia máme skreslený pohľad na to, čo je naozaj staré, lebo moderné lesníctvo pokladá za maximálny vek stromu 80 až 120 rokov, vtedy sa vysadené stromy stínajú a zužitkúvajú. Lenže v prirodzených podmienkach dosahujú stromy v tomto veku hrúbku ceruzky a výšku človeka. Drevné bunky vo vnútri tela sú v dôsledku pomalého rastu veľmi malé a obsahujú málo vzduchu. Preto sú ohybné a víchrica ich tak ľahko nezlomí. Ešte dôležitejšia je zvýšená odolnosť voči hubám, ktoré sa v tuhom pníku nedokážu šíriť. Zranenia nie sú pre tieto stromčeky nič strašné, rany pokojne zacelia, teda uzavrú kôrou bez toho, aby sa v nich okamžite vytvorila pleseň. Dobrá výchova zaručuje dlhý život, no mláďatám stromov zavše predsa len dôjde trpezlivosť. „Moje" mladé buky, ktoré čakali aspoň 80 rokov, rastú pod približne dvestoročnými materskými stromami. Prerátané na ľudské roky to zodpovedá asi štyridsaťročnému človeku. Nie je vylúčené, že drobci budú musieť vegetovať ďalšie dve storočia, kým sa konečne dostanú k slovu. Matka im však čas čakania osladí. Spojí sa s nimi cez korene a bude im odovzdávať cukor a iné živiny. Dalo by sa povedať, že svoje bábätká dojčí.

Sami môžete pozorovať, či mladé stromčeky vyčkávajú, alebo rýchlo ženú do výšky. Prizrite sa vetvičkám mladučkej jedle vznešenej alebo buka. Ak sú bočné konáriky zreteľne dlhšie ako zvislý hlavný výhonok, potomstvo sa nachádza v čakacom móde. Svetlo, čo má k dispozícii, nestačí vytvárať energiu pre dlhší pník, preto drobci radšej skúšajú efektívne zachytávať skúpe zostávajúce lúče. Rozložia vetvy vodorovne a narastú im špeciálne, veľmi citlivé a tenké listy a ihličie, ktoré je ako stvorené pre tienisté miesta. U takýchto stromčekov často vôbec nevidno vrchol, vyzerajú skôr ako bonsaje s plochou korunou.

Jedného dňa sa to napokon stane. Materský strom dosiahne maximálny možný vek alebo ochorie. Záverečná bitka sa možno odohrá za letnej búrky. Práchnivý kmeň v bubnujúcom lejaku neudrží niekoľkotonovú korunu a roztriešti sa. Strom pri páde na zem zavalí aj zopár vyčkávajúcich klíčkov. Zvyšok škôlky dostane vďaka vzniknutej medzere povel na štart, lebo stromčeky sa zrazu môžu do ľubovôle venovať fotosyntéze. Musia prepnúť metabolizmus, vytvoriť lístie a ihličie, ktoré vydrží a dokáže spracovať silnejšie svetlo. To im trvá jeden až tri roky. Potom sa treba poponáhľať. Všetci chcú rásť, ale v hre zostanú iba tí, čo bez rozpakov ženú dohora rovní ako šnúra. Zato škriatkovia, ktorí si myslia, že najsamprv môžu veselo uhýbať doľava i doprava, a až potom sa ťahať dohora, majú v rukách zlé karty. Kamaráti ich prerastú a ony zasa skončia v pološere. S tým rozdielom, že pod lístím rýchlejších mláďat stromov je ešte tmavšie ako pod matkou, lebo škôlka spotrebúva väčšinu slabého svetla. Preto oneskorenci vypustia dušu a premenia sa na humus.

Na ceste nahor číhajú na stromčeky aj iné nebezpečenstvá. Keď v nich slnečné svetlo naštartuje fotosyntézu a podporí rast, puky výhonkov obsahujú viac cukru. Tuhé a horké pilulky z čakacieho módu sa premenia na chutné bonbóny – aspoň z pohľadu srnky. Preto časť mláďat stromov padne za obeť bylinožravcom, ktorým dodatočné kalórie pomôžu prežiť zimu. Keďže sú mladých stromčekov celé šíky, zostane ich dosť na ďalší rast.

Kde je niekoľko rokov po sebe zrazu viac svetla, tam skúšajú šťastie aj krytosemenné rastliny, okrem iných aj zemolez ovíjavý. Šplhá sa úponkami po pníkoch, pričom ich vždy ovíja sprava, teda v smere hodinových ručičiek. Tak môže držať krok s rastom stromčekov a vystavovať kvety slnku. Lenže jeho zakrútené šľahúne vrastú po rokoch do kôry a postupne stromčeky zadusia. Teraz záleží na šťastí. Uzavrie sa po čase klenba starých stromov, nastane opäť tma? V tom prípade zemolez odumrie a zostanú po ňom iba jazvy. Ak však hojnosť svetla vydrží dlhšie, napríklad preto, že hynúci materský strom bol mimoriadne rozložitý a zanechal rovnako veľkú medzeru, potom sa môže stať, že napadnutý mladý stromček sa zadusí. V konečnom dôsledku máme radosť len my ľudia, lebo z jeho dreva si môžeme vyrobiť prečudesne pokrútené vychádzkové palice.

Ten, kto prekonal všetky nástrahy a pekne-krásne rastie do výšky štíhly ako prútik, bude najneskôr o 20 rokov vystavený ďalšej skúške trpezlivosti. Tak dlho trvá, kým medzeru zacelia konármi susedia mŕtveho materského stromu. Aj ony využívajú príležitosť, aby na staré kolená získali trochu viac priestoru pre fotosyntézu a vybudovali si mohutnejšiu korunu. Keď na najvyššom poschodí všetko zarastie, dole znova zavládne tma. Mladé buky, jedle či smreky došli iba do pol cesty a teraz musia čakať, kým opäť niektorý z vysokých susedov nehodí uterák do ringu. To môže trvať dlhé desaťročia, lenže v tomto štádiu sú už kocky hodené. Tých, ktorým sa podarilo preniknúť na stredné poschodie, už neohrozuje konkurencia, naopak, stali sa z nich korunní princovia a princezné a pri najbližšej príležitosti budú môcť konečne dospieť.

Etiketa stromov

Stromy v lese sa riadia svojou nepísanou etiketou. Tá určuje, ako má vyzerať pravý lesný obyvateľ, čo má a čo nemá robiť. Poslušný dospelý listnatý strom vyzerá takto: kmeň má rovný ako šnúra a vnútri pravidelne rozložené drevné vlákna. Korene sa rozkladajú pekne symetricky do strán a pod stromom smerujú do hĺbky. Bočné vetvy na kmeni boli v mladosti veľmi tenké, dávno vyhynuli a rany sa zacelili čerstvou kôrou a novým drevom, takže po nich zostal dlhý hladký pilier. Navrchu sa vytvorila rovnomerná koruna z hrubých konárov, ktoré smerujú šikmo nahor ako ruky vystreté do neba. Takýto ideálny strom sa dožije veľmi vysokého veku. U ihličnatých stromov platia podobné pravidlá, ibaže konáre v korune môžu byť vodorovné alebo zľahka sklonené k zemi. Ale načo je to všetko? Vari sú stromy tajní estéti? To vám, žiaľ, neviem povedať, ale na ideálny vzhľad majú jeden pochopiteľný dôvod: stabilitu. Široké koruny dospelých stromov sú vystavené búrlivým vetrom, silným zrážkam a ťažkým nánosom snehu. Sily týchto živlov sa musia odpružiť a odviesť cez kmeň ku koreňom, ktoré toho musia vydržať najviac a zabrániť, aby sa strom prevrátil. Preto sú pevne zakliesnené v zemi a v kameňoch. Odvedená sila orkánu môže šklbať pätou kmeňa energiou zodpovedajúcou až dvestotonovej ťažnej sile.[9] Ak má strom dakde slabé miesto, môžu sa objaviť trhliny, ba v najhoršom prípade sa môže zlomiť kmeň a následne celá koruna. Rovnomerne tvarované stromy však rovnomerne odpružia útočiace sily a rozvedú ich do všetkých častí tela.

Lenže kto sa neriadi etiketou, dostane sa do problémov. Ak je napríklad kmeň skrivený, má v dôchodkovom veku ťažkosti. Nesmierna ťarcha koruny sa nerozloží na celý priemer kmeňa, ale zaťaží viac jednu stranu. Aby sa strom neprehol, musí na príslušnom mieste zosilnieť, čo sa prejavuje nezvyčajne tmavými letokruhmi (ukladá sa tu menej vzduchu a viac hmoty). Ešte nepriaznivejšia situácia nastane, ak sa vytvoria dva hlavné výhonky. Takýto strom sa nazýva dvojak. Kmeň takéhoto stromu sa v určitej výške rozdelí a ďalej rastie dvojmo. Každá z dvoch častí má vlastnú korunu, obidve sa v prudkom vetre rozdielne kníšu, pričom veľmi zaťažujú miesto rozdvojenia. Ak má kmeň tvar vidlice alebo veľkého písmena „U", zväčša sa nič nestane. Beda však, ak má dvojak tvar písmena „V", teda ak sa zbieha do špicu. Vtedy opakovane puká v najnižšom bode, odkiaľ vychádzajú obe časti kmeňa. Keďže je to veľmi bolestivé, strom si v snahe zabrániť ďalšiemu pukaniu vytvára mohutné drevené hrče. Ale väčšinou je to márne a z tohto miesta ustavične presakuje tekutina, sfarbená načierno od baktérií. Navyše sa tu zbiera voda, vniká do škáry a spôsobuje hnilobu. Pri viacerých odnožiach sa strom jedného dňa zlomí a zostane iba stabilnejšia polovica. Takýto polovičný strom môže prežiť ešte niekoľko desaťročí, ale oveľa dlhšie nie. Obrovská otvorená rana sa už nezahojí a vnútro kmeňa pomaly rozožerú huby.

Niektoré stromy si ako vzor pre tvar kmeňa zjavne zvolili banán. Zdola rastú veľmi krivo a až vyššie sa ťahajú dohora. Na stromovú etiketu kašľú a očividne v tom nie sú samy. Často sa tak správajú celé úseky lesa. Vari tam prírodné zákony stratili platnosť?

Naopak, práve okolitá príroda núti stromy takto rásť. Napríklad vo vysokohorských polohách tesne pod hranicou lesa. V zime tam ležia metre snehu a často dochádza k jeho zosuvu. Nemusia to byť lavíny, sneh sa aj v pokojnom stave pomaličky, pre ľudský zrak neviditeľne zosúva do údolia. Pritom zohýba stromy, najmä mladé stromčeky. Pre tie najmenšie to nie je tragédia, lebo keď sa sneh roztopí, jednoducho sa znova vzpriamia a vyviaznu bez trvalých následkov. Ale dospievajúcim stromom, vysokým práve niekoľko metrov, sneh poškodí kmeň. Ten sa v najhoršom prípade zlomí, v lepšom zostane krivý. Stromy sa z takejto nepriaznivej polohy usilujú znova rásť zvislo nahor. A keďže strom rastie iba na hornom konci, skrivený dolný koniec zostane taký, aký je. Počas ďalšej zimy sneh znovu tlačí stromy do šikmej polohy, nový ročný výhonok bude znova smerovať zvislo dohora.

Keď sa táto hra viacero rokov opakuje, postupne sa vytvorí šabľovito zahnutý strom. Až s pribúdajúcim vekom kmeň zhrubne a nadobudne takú stabilitu, že bežný sneh mu už nespôsobí nijakú ujmu. Dolná „šabľa“ si uchová svoj tvar a horná časť kmeňa, už neporušená, bude pekne rovná ako u normálne rastúcich stromov.

Stromom sa také niečo môže stať aj bez snehu, takisto na stráni. Pôda sa môže celé roky pomaličky zosúvať do údolia. Často sa zosunie o niekoľko centimetrov a stromy berie so sebou, tie sa pomaly šmýkajú a nakláňajú, pričom ďalej rastú nahor.

Tento jav možno v extrémnej podobe pozorovať na Aljaške či na Sibíri, kde sa v dôsledku klimatických zmien roztápa permafrost. Stromy prichádzajú o podperu a v kašovitom podloží načisto strácajú rovnováhu. Každý jedinec sa kláti iným smerom, les preto vyzerá ako skupinka opilcov potácajúcich sa po okolí. Vedci nazývajú takéto stromy trefne „drunken trees".

Na okraji lesa nie sú pravidlá rovného rastu kmeňov také prísne. Svetlo sem preniká zboku, z lúky alebo od jazera, kde žiadne stromy nerastú. Nižšie jedince sa môžu vymaniť spod vplyvu vysokých stromov tak, že rastú smerom k otvorenej ploche. Najmä listnaté stromy dokážu premiestniť korunu pomocou extrémne šikmého kmeňa až o desať metrov, ak ohnú hlavný výhonok takmer do vodorovnej polohy. Prirodzene, stromu potom hrozí, že sa zlomí, najmä ak napadá veľa snehu a zákon páky si žiada svoju daň. Ale krátky život s dostatkom svetla na rozmnožovanie je vždy lepší ako žiadny. Kým väčšina listnatých stromov túto šancu využíva, ihličnany sú tvrdohlavé. Rásť sa má rovno, a basta! Vždy pekne proti zemskej príťažlivosti, teda kolmo nahor, aby si kmeň zachoval dokonalý tvar a stabilitu. Iba na kraji lesa môžu byť zreteľne hrubšie a dlhšie vetvy, ale len tie bočné, smerujúce k svetlu, to je všetko. Jedine borovica si trúfa a dychtivo presúva korunu. Niet divu, že práve tento druh ihličnanu trpí najvyššou mierou poškodenia snehom.

Škola stromov

Stromy znášajú smäd horšie ako hlad, lebo ten si môžu hocikedy uhasiť. Tak ako má pekár stále dostatok chleba, aj stromy môžu pomocou fotosyntézy okamžite zastaviť škvŕkanie v bruchu. No ani najlepší pekár nemôže piecť bez vody a stromy sú bez tekutín pri výrobe potravín v koncoch. Dospelý buk denne zavlaží svoje konáre a listy vyše 500 litrami vody a pokým si jej môže z pôdy vytiahnuť dosýta, neváha.[10] Pôdna vlhkosť by sa však rýchlo vyčerpala, keby k tomu v lete dochádzalo každý deň. V najteplejšom ročnom období málo prší a vysušená pôda nestíha doplňať zásoby vody. Preto stromy načerpávajú vlhkosť v zime. Vtedy hojne prší a spotreba rastlín sa blíži k nule, lebo takmer všetky majú prestávku. Spolu s jarnými zrážkami nahromadenými v zemi vystačí nazbieraná vlhkosť zväčša až do začiatku leta. No potom jej je po mnohé roky nedostatok. Stačí dvojtýždňové obdobie horúčav bez dažďa a väčšina lesov sa dostane do tiesne. To platí najmä pre stromy, ktoré vyrastajú na pôde mimoriadne dobre zásobenej vodou. Nepoznajú nijaké obmedzenia, s tekutinou zaobchádzajú márnotratne a najmä najsilnejší a najväčší jedinci za to raz musia zaplatiť. V mojom revíri často praskajú najmä smreky. Síce nie vo švíkoch, ale praskliny im vznikajú na kmeni. Keď je zem vysušená a ihličie v korune si pýta viac tekutiny, napätie vo vysušenom dreve sa zvyšuje, až začne pukať a praskať a na kôre sa objaví metrová trhlina. Prenikne hlboko do tkaniva a spôsobí stromu ťažkú ranu. Cez trhlinu mu okamžite vniknú do najhlbšieho vnútra výtrusy húb a započnú svoje skazonosné dielo. Počas nasledujúcich rokov sa smrek síce snaží ranu zaceliť, ale tá sa opakovane otvára. Zďaleka vidno čiernu ryhu zalepenú živicou, ktorá svedčí o bolestivom procese.

A ocitli sme sa v škole stromov. Žiaľ, ešte vždy tu panuje isté násilie, lebo príroda je prísna učiteľka. Kto je neposlušný a neprispôsobivý, musí trpieť. Trhliny v dreve, v kôre, v extrémne citlivom kambiu. Z hľadiska stromu to nemôže byť horšie. Musí reagovať, a nielen pokusom zaceliť ranu. V budúcnosti musí lepšie hospodáriť s vodou, nie hneď na jar bez ohľadu na straty vyčerpať všetko, čo zem dá. Stromy si berú príučku k srdcu a od tej chvíle sa správajú inak, šetrne, aj vtedy, keď je pôda dostatočne vlhká – veď strom nikdy nevie! Niet divu, že praskajú práve smreky rastúce v pôde bohatej na vodu. Sú totiž rozmaznané. Už kilometer odtiaľ, na kamenistom a suchom južnom svahu je situácia diametrálne odlišná. Tu by som skôr očakával škody spôsobené letnými suchami. Ale pozorujem pravý opak. Miestni húževnatí askétovia vydržia omnoho viac ako ich rozmaznaní kolegovia s dostatkom vlahy. Smrekom, hoci majú po celý rok k dispozícii oveľa menej vody, lebo zem jej hromadí menej a slnko svieti intenzívnejšie, sa tu vodí dobre. Rastú podstatne pomalšie, s nedostatkom vody zjavne lepšie hospodária a aj extrémne suché roky prekonajú obstojne.

Oveľa viditeľnejšiemu procesu učenia podlieha vlastná stabilita na stanovišti. Stromy si nerady zbytočne strpčujú život. Načo by si vytvárali hrubý stabilný kmeň, keď sa môžu pohodlne oprieť o suseda? Kým pevne stoja, nemôže sa prihodiť nič zlé. Lenže v strednej Európe každých pár rokov napochoduje oddiel lesných robotníkov alebo prifrčí žací stroj a zožne desať percent dreva. V prirodzených lesoch zanecháva okolie bez opory mohutný materský strom, ktorý uhynul v dôsledku staroby. V klenbe stromov vznikne medzera a nejeden pohodlný buk alebo smrek zrazu vratko stojí na vlastných nohách, teda koreňoch. Keďže stromy nereagujú najrýchlejšie, prejde tri až desať rokov, kým po takejto zmene opäť nadobudnú stabilitu. Proces učenia urýchľujú bolestivé mikrotrhlinky, ktoré vznikajú pri silnom ohýbaní vo vetre. Na bolestivom mieste si strom musí spevniť kostru. Stojí ho to množstvo energie a tá mu potom chýba k rastu do výšky. Malou útechou je viac svetla, ktoré má po strate suseda k dispozícii pre vlastnú korunu. Ale aj v tomto prípade mu trvá niekoľko rokov, kým ho dokáže naplno využiť. Veď jeho listy boli doteraz privyknuté na šero, preto sú veľmi jemné a mimoriadne citlivé na svetlo. Ak na ne začne priamo žiariť prudké slnko, nevyhnú sa spáleniu – ešte raz au! A keďže puky na nadchádzajúci rok zakladajú stromy už na jar a v lete predchádzajúcej sezóny, listnaté sa preprogramujú na zmenu najskôr po dvoch vegetačných obdobiach. Ihličnaté stromy potrebujú ešte dlhší čas, lebo ihličie zostáva na vetvách až sedem rokov. Situácia sa upokojí až vtedy, keď sa vymení všetka zeleň na stromoch. Hrúbka a stabilita kmeňa teda závisí od toho, či ho nič netlačí ani nepichá. Táto hra sa môže v prirodzenom lese počas života stromu zopakovať niekoľkokrát. Keď sa medzera po strate iného stromu zacelí, keď ostatné stromy rozvinú svoje koruny natoľko, že svetelné okno do lesa sa opäť zatvorí, stromy sa zas môžu o seba oprieť. Až potom investujú viac energie do rastu do výšky ako do šírky, a keď o desaťročia neskôr vypustí dušu ďalší strom, všetko sa začína odznova.

Ešte sa vráťme k téme školy. Ak sú stromy schopné učenia (a to sa dá pozorovať), vyvstáva otázka, kam si ukladajú a kde neskôr vyhľadávajú naučené vedomosti. Veď nemajú mozog, ktorý funguje ako databanka a riadi všetky procesy. To platí pre všetky rastliny, preto sú mnohí bádatelia skeptickí a nejeden lesník by talent flóry na učenie najradšej vykázal do ríše fantázie. Keby sa o slovo neprihlásila austrálska vedkyňa Dr. Monica Gagliano. Skúmala mimózy, tropické polokry. Ako bádateľské objekty sa skvele hodia, lebo ich očividne možno trošku zlostiť a do laboratória sa zmestia skôr ako stromy. Pri dotyku sa bránia zatvorením svojich pernatých lístočkov. Pri jednom pokuse nechali na lístie rastliny pravidelne dopadať kvapky vody. Spočiatku sa lístky ustráchane zatvárali, ale po čase sa kry naučili, že tekutina im neuškodí. Odvtedy nechali listy napriek dopadajúcim kvapkám otvorené. Monicu Gagliano ešte väčšmi prekvapilo, že mimózy si lekciu pamätali a uplatňovali dokonca aj po viacerých týždňoch po testovaní.[11] Škoda, že do laboratória nemožno premiestniť celé buky alebo duby, aby sme odhalili ďalšie súvislosti učenia rastlín. Pokiaľ ide o vlahu, vedci skúmali situáciu vo voľnej prírode a okrem zmeny správania zistili aj čosi iné. Ak stromy prikvačí veľký smäd, začnú kričať. No aj keby ste sa práve prechádzali po lese, nepočujete nič, lebo sa to deje v oblasti ultrazvuku. Bádatelia zo Švajčiarskeho výskumného ústavu lesa, snehu a krajiny nahrávajú zvuky stromov a vysvetľujú si ich takto: Keď sa v kmeni preruší vodný prúd vedúci z koreňov k listom, bunky sa rozkmitajú. Je to čisto mechanický proces a pravdepodobne nič neznamená.[12] Alebo znamená? Vieme len to, ako tóny vznikajú, a keď si posvietime na našu vlastnú produkciu zvukov, takisto nezistíme nič mimoriadne. Vzdušný prúd z priedušnice rozkmitá hlasivky. A keď si spomeniem na výsledky bádania škrípucich koreňov, je celkom možné, že to nie sú len obyčajné kmity, ale volanie po uhasení smädu. Ba možno je to naliehavé varovanie kolegom, že dochádza voda.

Spoločne sa lepšie darí

Stromy sú veľmi sociálne založené a vzájomne si pomáhajú. Lenže pre úspešnú existenciu v ekosystéme lesa to zďaleka nestačí. Každý druh stromu sa snaží zabezpečiť si viac miesta, optimalizovať svoj výkon a vytlačiť iné biologické druhy. O víťazovi okrem svetla napokon rozhodne súboj o vodu. Korene stromov veľmi úspešne objavujú vlhkú pôdu. Na to si vytvárajú jemné vlásočnice, aby zväčšili svoj povrch a načerpali čo najviac vody. Za normálnych okolností to stačí, ale viac je vždy lepšie ako menej. Preto sa stromy v dávnej minulosti spolčili s hubami. Huby sú pozoruhodné tvory. Paušálne rozdelenie živého sveta na zvieratá a rastliny pre ne neplatí. Rastliny si podľa definície vytvárajú potravu z neživej hmoty samy, sú teda úplne nezávislé. Preto niet divu, že na neúrodnej, holej pôde sa najprv musí objaviť zelená vegetácia, a až potom môžu prísť zvieratá. Aby totiž prežili, v zásade musia konzumovať iné živočíchy. Samozrejme, tráve ani mladým stromčekom sa nepáči, keď ich spásajú kravy alebo srnky. Či vlk roztrhá diviaka alebo jeleň obžiera dubový semenáčik, postihnutí sa v oboch prípadoch nevyhnú bolesti ani smrti. Huby sa nachádzajú kdesi uprostred. Ich bunkové steny sú vytvorené z chitínu a vďaka tejto látke sa skôr blížia k hmyzu, u rastlín ju nenájdeme. Okrem toho v nich neprebieha fotosyntéza, ale sú odkázané na organické zlúčeniny iných živočíchov, ktorými sa živia. V priebehu desaťročí sa ich podzemné vatové pletivo zvané mycélium ustavične rozširuje. Vo Švajčiarsku objavili podpňovku obyčajnú, ktorej podhubie dosiahlo rozlohu takmer pol štvorcového kilometra a vek okolo 1 000 rokov.[13] Vek inej huby rovnakého druhu v americkom štáte Oregon dokonca odhadujú na 2 400 rokov, pričom podhubie dospelo k rozlohe deväť štvorcových kilometrov a k hmotnosti 600 ton.[14] Huby sú teda najväčšie známe živé tvory na Zemi; spomínaní giganti sú však nepriatelia stromov, lebo ich pri svojich lúpežných výpravách za jedlým tkanivom usmrcujú. Preto sa radšej pozrime na mierumilovné tandemy huba – strom. Pomocou mycélia druhu vhodného pre ten-ktorý strom, napríklad rýdzika pravého pre dub, môže strom zviacnásobiť účinný povrch svojich koreňov a vstrebať podstatne viac vody a živín. V rastlinách, ktoré spolupracujú s partnerskými hubami, sa nachádza dvojnásobné množstvo životne potrebného dusíka a fosforu oproti jedincom, ktoré vysávajú zem výlučne vlastnými koreňmi. Ak chce strom nadviazať priateľstvo s niektorou z vyše tisíca druhov húb, musí byť veľmi otvorený. A to v pravom zmysle slova, lebo hubové vlákna mu vrastajú do jemných korienkov. Zatiaľ nikto neskúmal, či to strom bolí, ale keďže je to želaná akcia, predpokladám, že to v ňom vyvoláva skôr príjemné pocity. Nech je, ako chce, obaja partneri ďalej pracujú spoločne. Huba prenikne nielen do koreňov, ale prepletie svojím pletivom aj okolitú lesnú pôdu. Pritom prekročí bežný obvod koreňového systému jedinca, prerastá k ostatným stromom a spája sa s ich partnerskými hubami a koreňmi. Vzniká sieť, cez ktorú si stromy čulo vymieňajú živiny (p. kapitolu „Sociálny úrad“), ale aj informácie, napríklad o blížiacom sa útoku hmyzu.

Huby tvoria teda akýsi lesný internet. A takáto kabeláž má svoju cenu. Ako vieme, huby sú odkázané na živiny iných druhov, lebo v mnohom sa podobajú skôr na zvieratá. Bez prívodu potravy by zahynuli. Preto vyžadujú platbu vo forme cukru a iných glycidov, ktoré mu dodáva partnerský strom. A huby vo svojich nárokoch nie sú práve skromné. Za svoje služby žiadajú až tretinu celkovej produkcie hostiteľského stromu![15] Preto je logické, že pri takýchto podmienkach závislosti sa huby nespoliehajú na náhodu. Svojimi jemnými pradivami začnú manipulovať končekmi koreňov, okolo ktorých sa omotávajú. Najprv načúvajú, čo strom prezradí o svojich podzemných výhonkoch. Podľa toho, či je to pre ne užitočné, začnú produkovať rastové hormóny, ktoré v súlade s ich zámerom regulujú bunkový rast.[16] Za bohatú odmenu v podobe cukru poskytnú ešte niekoľko vedľajších službičiek zdarma, ako napríklad funkciu filtra ťažkých kovov. Tie by koreňom veru neprospeli, no hubám až tak neškodia. Odfiltrované škodliviny sa potom každú jeseň objavujú v utešených plodniciach, ktoré si odnášame domov ako hríby obyčajné či suchohríby. Niet divu, že napríklad rádioaktívne cézium, ktoré je v pôde ešte z čias černobyľskej katastrofy atómového reaktora z roku 1986, nachádzame najmä v hubách.

Súčasťou ponuky sú aj zdravotnícke služby. Či sú to útoky baktérií alebo skazonosných kolegov z radov húb, jemné pradivá vyženú všetkých votrelcov. Pokiaľ sa im vodí dobre, huby so spriaznenými stromami môžu dosiahnuť vek niekoľko sto rokov. Ak sa však zmenia prírodné podmienky, napríklad vzduch sa zamorí škodlivinami, vypustia dušu. Ich partneri však nesmútia dlho, jednoducho prejdú k inému druhu húb, ktorý sa im pohodlne usalaší pod nohami. Každý strom má viacero možností, a až keď zhynie posledná možná huba, začne sa mu dariť navidomoči horšie. Huby sú ešte citlivejšie. Viaceré druhy si samy vyberú vhodný strom, a keď sa s ním spriahnu, zostávajú s ním spojené na život a na smrť. Niektoré huby sa špecializujú na jeden druh hostiteľa, napríklad na brezy alebo smrekovce. Iné, ako napríklad kuriatko jedlé, vychádzajú dobre s viacerými stromami, či je to dub, buk alebo smrek. Hlavná vec, že ešte nájdu voľné miestečko pod zemou. Lebo konkurencia je obrovská. Iba v dubových lesoch existuje vyše sto rozličných druhov húb, ktoré sa vyskytujú na koreňoch rovnakých stromov. Pre duby je to celkom praktické, lebo keď sa v prípade zmeny prírodných podmienok prestane vyskytovať jeden druh húb, okamžite stojí za dverami ďalší uchádzač. Bádatelia odhalili, že ani huby nežijú celkom bez poistky. Navzájom spojené sú nielen pletivá stromov jedného druhu, ale aj rozličných druhov. Rádioaktívny uhlík, ktorým vedci zaočkovali brezu, pod zemou cez hubové spojenia putoval do susednej duglasky tisolistej. Hoci mnohé druhy stromov nad zemou bojujú proti sebe všetkými prostriedkami a pod zemou sa snažia navzájom si zabrať priestor na korene, huby sa usilujú nájsť kompenzáciu. Nie je celkom jasné, či skutočne zamýšľajú podporovať cudzie hostiteľské stromy alebo len súkmeňovcov, ktorí potrebujú pomoc (a tí ju postupujú svojim stromom). Mám podozrenie, že huby „myslia" viac do budúcnosti ako ich veľkí partneri. Napokon, každý biologický druh bojuje proti ostatným. Ale predstavme si, že naše domáce buky by si vybojovali definitívne víťazstvo vo väčšine lesov – bola by to skutočne výhra? Čo by sa stalo, keby napríklad novovzniknutý pôvodca choroby napadol a zachvátil väčšinu stromov? Nebolo by v tom prípade výhodnejšie, keby jestvovalo určité percento iných druhov? Duby, javory, jasene a jedle by rástli ďalej a zabezpečili by potrebný chládok, kde by mohla vyklíčiť a dospieť nová generácia mladých bukov. Rozmanitosť istí pralesy, a keďže aj huby sú veľmi odkázané na konštantné podmienky, pod zemou kompenzujú príliš úspešné dobyvateľské úspechy jedného druhu stromov tak, že chránia ostatné druhy pred úplnou skazou a pomáhajú im.

Ak napriek všemožnej pomoci začne byť hubám a stromom pritesno, huba sa môže zradikalizovať, ako ukazuje prípad borovice hladkej a jej partnerky *laccaria bicolor*, lakovky dvojfarebnej. Táto pri nedostatku dusíka vylúči do pôdy smrteľný jed, načo drobné živočíchy ako chvostoskoky uhynú a začnú uvoľňovať dusík viazaný vo svojich telách. Tak sa z nich nedobrovoľne stane hnojivo pre stromy a huby.[17]

Predstavil som vám najdôležitejších pomocníkov stromov, ale jestvuje celý rad ďalších. Napríklad ďatle. Nenazval by som ich síce pomocníkmi v pravom zmysle slova, no prinášajú stromom aspoň čiastočný osoh. Vždy keď na smreky zaútočia napríklad lykožrúty, je to povážlivé. Tento drobný hmyz sa rozmnožuje tak rýchlo, že za krátky čas dokáže zahubiť strom, lebo požiera kambium, životne dôležitú vrstvu pod kôrou. Keď sa to donesie ďatľovi veľkému, je v mihu naporúdzi. Lezie po kmeni ako kľuváč žltozobý po chrbte nosorožca a hľadá pažravé tučné biele larvy. Tieto potom vyzobáva (pre strom nie práve citlivo), pričom na všetky strany odfrkujú veľké kusy kôry. Zavše takto môže odvrátiť od smrekov aj ďalšie škody. Dokonca aj keď niektorý strom procedúru neprežije, ochráni to jeho súkmeňovcov, lebo na mŕtvom strome sa nemôžu liahnuť chrobáky schopné letu. Lenže ďatľa vôbec nezaujíma blaho stromu, dobrým dôkazom sú jeho hniezdne dutiny. Často si ich zakladá na zdravých jedincoch, ktoré musí na tieto účely roztĺcť, a spôsobuje im ťažké zranenia. Ďateľ síce oslobodzuje od škodcov viaceré stromy, napríklad duby zbavuje lariev krasoňa, ale to je pravdepodobne skôr vedľajší produkt. V suchých rokoch sú krasone nebezpečné, lebo vysmädnuté stromy nie sú vstave brániť sa útočníkom. Záchranu môže priniesť purpurový červenáčik ohnivý, ktorý sa v dospelosti mierumilovne živí výlučkami vošiek a rastlinnými šťavami. Jeho potomstvo však potrebuje mäso, a to získava z hmyzích lariev, žijúcich pod kôrou listnatých stromov. Nejeden dub vďačí za prežitie červenáčikovi ohnivému, ktorý sa môže aj sám dostať do úzkych. Keď jeho larvy požerú všetky cudzie hmyzie mláďatá, vrhnú sa na príslušníkov vlastného rodu.

Záhadná preprava vody

Ako sa dostáva voda z pôdy do listov? Pre mňa je táto otázka symbolom súčasného stavu vedomostí o lese. Lebo preprava vody je jav, ktorý možno pomerne jednoducho skúmať, v každom prípade jednoduchšie ako citlivosť na bolesť alebo komunikáciu. A pretože to pôsobí tak banálne, univerzitná veda celé desaťročia ponúka celkom jednoduché vysvetlenia. Mňa však doteraz baví viesť o tom diskusie so študentmi. Bežné odpovede sú takéto: Je to vplyv vzlínavosti a odparovania. Prvý jav môžete pozorovať každý deň pri raňajkách. V dôsledku vzlínavosti sa káva na okraji šálky o niekoľko milimetrov zdvihne – bez tohto úkazu by bola hladina tekutiny úplne vodorovná. Čím užšia je nádoba, tým vyššie vystúpi tekutina v nej, navzdory zemskej príťažlivosti. A vodovodné potrubie listnatých stromov je vskutku veľmi úzke. Meria sotva pol milimetra. Ihličnaté stromy škrtia jeho priemer ešte väčšmi a dosahujú 0,02 milimetra. Napriek tomu to ani zďaleka nevysvetľuje, ako sa dostáva voda do koruny vyše stometrového stromu, lebo aj v najtenšom potrubí prekoná vzlínavá sila maximálne metrovú výšku.[18] A máme tu ďalšieho kandidáta: odparovanie. Cez lístie a ihličie sa v lete dýchaním odparí množstvo vody; u dospelého buka to môže byť niekoľko sto litrov denne. Takto vzniká podtlak, ktorý cez potrubie čerpá nové zásoby. To sa však darí len vtedy, ak sa nepreruší vodný stĺpec. Molekuly v dôsledku kohézie (súdržnosti kvapaliny vyvolanej príťažlivými silami tej istej látky) k sebe priľnú a v súvislom stĺpci vystupujú nahor, len čo sa v liste po odparení uvoľní miesto. A keďže to ešte stále nestačí, vstupuje do hry osmóza. Ak je v jednej bunke koncentrácia cukru vyššia ako v susednej, voda preniká cez steny k sladšiemu roztoku dovtedy, kým oba neobsahujú rovnaký percentuálny podiel cukru. Keď to takto pokračuje z bunky do bunky až po korunu, voda sa napokon vyštverá celkom navrch. Hm. Najvyšší tlak nameriame v stromoch na jar tesne pred vypučaním lístia. Vtedy voda búši do kmeňa s takou silou, že keď k nemu priložíte fonendoskop, je to počuť. Na severovýchode USA tento poznatok využívajú na zber sirupu z javora cukrového, ktorý často narážajú už pri topení snehu. Len vtedy je možné zberať vzácnu šťavu. V tomto období ešte na stromoch nie sú listy a šťava sa nemá kadiaľ odpariť. Odparovanie ako hnacia sila teda neprichádza do úvahy. A vzlínavosť pôsobí len obmedzene, lebo spomínaný účinok do výšky jedného metra je takmer zanedbateľný. Lenže kmeň je v tomto okamihu doslova presiaknutý tekutinou. Zostáva osmóza, lenže aj to sa mi vidí nepravdepodobné. Tá predsa pôsobí len v koreňoch a listoch, nie v kmeni, lebo ten nepozostáva z buniek zoradených za sebou, ale z dlhého nepretržitého potrubia. Tak ako to vlastne je? Nevieme, ale novšie výskumy zistili čosi, čo spochybňuje prinajmenšom účinok odparovania a vzlínavosti. Vedci z Bernskej univerzity, zo Švajčiarskeho výskumného ústavu lesa, snehu a krajiny a z Technickej vysokej školy v Zürichu ešte raz natrčili uši, a to doslova. Najmä v noci zachytili v stromoch tichý šum. V tomto čase kmeň obsahuje najviac vody, lebo koruna si robí prestávku vo fotosyntéze a takmer nič sa neodparuje. Preto sa stromy nalejú, ako sa patrí, dokonca im narastie priemer kmeňa. Voda vo vnútornom potrubí prakticky zastane, netečie. Odkiaľ teda prichádzajú tie zvuky? Výskumníci predpokladajú, že v tom majú „prsty“ drobné bublinky oxidu uhličitého, ktoré sa tvoria v tenkých rúrkach naplnených vodou.[19] Bubliny v potrubí? To značí, že súvislá dráha vody je tisíckrát prerušená, a teda odparovanie, súdržnosť a vzlínavosť nemôžu zabezpečiť jej prepravu. Veľa otázok ešte zostáva otvorených. Možno sme chudobnejší o možné vysvetlenie, ale zato bohatší o ďalšie tajomstvo. Nie je to rovnako pekné?

Stromy priznávajú svoj vek

Skôr než začnem hovoriť o veku, chcel by som začrieť do témy „pokožka". Stromy a pokožka? Pozrime sa na tento fenomén najprv z ľudskej stránky. Pokožka je bariéra, ktorá chráni naše vnútro pred vonkajším svetom, zadržiava tekutiny, bráni vnútornostiam vypadnúť a vypúšťa i prijíma plyny aj vlhkosť. Okrem toho blokuje choroboplodné zárodky, ktoré by sa v našich krvných dráhach veľmi rady rozšírili. Popritom citlivo reaguje na dotyky, buď príjemné, ktoré vzbudzujú túžbu po opakovaní, alebo nepríjemné, a tie vyvolávajú bolesť a následnú obrannú reakciu. Žiaľ, netrvá to večne, časom tento zložitý útvar pomaly ochabuje. Tvoria sa vrásky a priehlbiny, takže naši spoluobčania nám hravo dokážu odhadnúť vek, a to s presnosťou niekoľkých rokov.

Keď sa lepšie prizrieme nevyhnutnému obnovovaciemu procesu, nie je práve radostný. Každý z nás denne stráca 1,5 gramu kožných šupiniek, čo je za rok vyše pol kila. Pôsobivé je ich množstvo. Denne z nás spadne 10 miliárd čiastočiek.[20] Nie je to veľmi príťažlivé, je to však nutné, aby náš povrchový orgán zostal vo forme. V detstve potrebujeme tento proces aj na to, aby sme mohli rásť, ináč by jedného dňa prírodný oblek na nás praskol.

A ako je to u stromov? Podobne ako u nás. Podstatný rozdiel spočíva v slovíčkach. Pokožku bukov, dubov, smrekov a spol. nazývame kôra. Plní však presne tie isté funkcie a chráni citlivé vnútorné orgány stromu pred agresívnym vonkajším svetom. Bez kôry by strom vyschol. Pri strate tekutín by si na svoje prišli najmä huby, ktoré v zdravom vlhkom dreve nemajú šancu, no potom by mohli všetko veselo rozkladať. Aj hmyz potrebuje nižšiu vlhkosť a pri neporušenej kôre nemá šancu na úspech. Strom skrýva vo svojom vnútri takmer toľko tekutiny ako my ľudia, preto je pre parazity nezaujímavý, jednoducho by sa v nej udusili. Teda diera v kôre je pre strom aspoň taká nepríjemná ako pre nás rana na pokožke. A preto používa podobné mechanizmy ako my, aby zraneniu zabránil. Každý jedinec plný miazgy priberie ročne na objeme jeden a pol až tri centimetre. Kôra by za týchto okolností v podstate mala prasknúť. V podstate. Aby sa to nestalo, obri si pokožku ustavične obnovujú a zhadzujú veľké množstvo šupiniek. Vzhľadom na ich vzrast sú šupinky väčšie a merajú až 20 centimetrov. Všimnite si niekedy za vetristého počasia zem pod kmeňmi stromov. Povaľujú sa tam kusy kôry. Veľmi dobre ich je vidieť najmä u borovíc s červenkastou kôrou.

Každý strom sa nešúpe rovnako. Kôra niektorým druhom opadáva ustavične (ich ľudským pendantom by sme v takomto prípade odporučili šampón proti lupinám), iným zase veľmi zdržanlivo. Spoznáte to podľa borky. To je vonkajšia odumretá vrstva kôry a smerom von tvorí necitlivý pancier. Borka je dobrý poznávací znak pre rozlišovanie jednotlivých druhov stromov. Ale platí to až u starších jedincov, lebo sa týka trhlín, mohlo by sa tiež povedať priehlbín či vrások. U mladých stromov každého druhu je borka hladká ako detský zadoček. Časom sa v procese starnutia postupne objavia vrásky (počnúc zdola), ktoré sa v priebehu rokov stále prehlbujú. Závisí od druhu, ako rýchlo prebieha tento proces. Borovice, duby, brezy a duglasky začínajú vráskavieť skoro, zatiaľ čo buky a jedle biele zostávajú veľmi dlho hladké. Príčinou je skutočne rýchlosť padania šupiniek. U bukov, ktorých striebrosivá kôra zostáva hladká až do veku 200 rokov, je rýchlosť obnovovania kôry veľmi vysoká. Preto ich pokožka zostáva tenká a jej stav presne zodpovedá ich veku, resp. priemeru kmeňa, kôra sa nemusí rozťahovať pomocou trhlín. Podobne to robí aj jedľa biela. Borovice a spol. však s obnovovaním povrchu otáľajú. Nerady sa lúčia so svojím balastom, možno si však potrpia aj na istotu, ktorú im poskytuje hrubší pancier. Nech je tak či onak, šúpu sa tak pomaly, že sa na nich tvorí oveľa hrubšia borka a jej horné vrstvy na niektorých miestach majú niekoľko desaťročí. Teda pochádzajú z obdobia, keď boli stromy ešte mladé a štíhle. Vo vyššom veku s rastúcim priemerom kmeňa však staršie vrstvy kôry praskajú do hĺbky, lebo vnútro je mladšieho dáta a hodí sa k aktuálnym rozmerom kmeňa. Teda čím hlbšie vrásky má strom, tým pomalšie sa druh obnovuje. Tento úkaz je vekom ešte zreteľnejší. Ani buk neujde tomuto osudu – len čo prekročí stred života, aj jemu sa na kôre začnú zospodu tvoriť vrásky. A v trhlinách sa zabývajú machy, akoby to chceli vytrúbiť do sveta. V nich sa dlhšie udrží vlhkosť zrážok a napája im vankúšiky. Vek bukových lesov preto možno odhadnúť už z diaľky. Čím vyššie siaha zelený porast na kmeni, tým staršie sú stromy. Každý strom je v tomto jedinečný a tvorba vrások je súčasťou vrodenej dispozície. Niektorí jedinci sú už v mladších rokoch vráskavejší ako rovnako starí súkmeňovci. V revíri mám niekoľko bukov, ktoré sú vo veku sto rokov od hlavy po päty potiahnuté drsnou borkou. Za normálnych okolností to býva až o stopäťdesiat rokov neskôr. Vedci zatiaľ nezistili, či je to len geneticky dané, alebo či hrá úlohu aj nestriedmy spôsob života. Niektoré faktory zas pripomínajú nás ľudí. Borovice v našej záhrade majú vyslovene hlboké ryhy. Len vekom to byť nemôže – približne storočné stromy práve vyrástli z detských nohavíc. Od roku 1934 rastú na mimoriadne slnečnom mieste, lebo v tom roku postavili našu horáreň. Na ten účel vyklčovali časť pozemku a zostávajúce borovice majú odvtedy viac svetla. Viac svetla, viac slnka, viac ultrafialového žiarenia. Posledné spôsobuje starnutie pokožky u ľudí a podľa všetkého aj u stromov. Okrem toho bije do očí, že borka na slnečnej strane je tvrdšia, čiže aj nepružnejšia, a preto má tendenciu pukať.

Spomínané zmeny môžu naznačovať aj „kožné choroby". Podobne ako pubertálne akné často zapríčiňuje doživotné jazvy, aj napadnutie stromárkami môže spôsobiť drsný povrch kôry. V tom prípade nevznikajú vrásky, ale tisícky priehlbiniek a vriedkov, ktoré nezmiznú do konca života. Na chorľavých exemplároch sa vytvoria hnisajúce a mokvajúce rany, tekutina, čo z nich presakuje, je sfarbená načierno a plná baktérií. Takže nielen u ľudí je pokožka zrkadlom duše (alebo pohody).

Staré stromy sa môžu ujať v ekosystéme lesa celkom špeciálnej funkcie. V strednej Európe nejestvujú veľmi staré lesy, vek najstarších veľkých plôch so stromovým porastom sa pohybuje od 200 do 300 rokov. Kým sa tieto rezervácie premenia na pralesy, pozrieme sa na západné pobrežie Kanady, aby sme pochopili úlohu skutočne starých stromov. Dr. Zoë Lindo z McGillovej univerzity v Montreale skúmala smreky sitka vo veku minimálne 500 rokov. Iba na takýchto starých jedincoch našla bádateľka veľké množstvá machu na konároch a v miestach rozvetvenia. V zelených vankúšikoch sa usídlili modré riasy, ktoré lapali zo vzduchu dusík a pretvárali ho do takej podoby, aby ho stromy mohli prijímať. Dážď toto prírodné hnojivo zmýval a poskytol ho koreňom. Staré stromy takto hnoja les a pripravujú svojim potomkom lepší štart do života. Na mladých stromčekoch ešte nemôže byť machový porast, lebo mach rastie veľmi pomaly a usadí sa na nich až o dlhé desaťročia neskôr.[21]

Okrem pokožky a machového porastu naznačujú vek stromu ďalšie telesné zmeny. Napríklad na korune, kde dokonca nachádzam paralelu k svojej osobe. Vlasy na temene hlavy mi zredli, nerastú ako zamladi. Inak to nie je ani s najvyššími konármi v korunách stromov. Od určitého okamihu, podľa druhu stromu vo veku 200 až 300 rokov, sú ročné nové výhonky čoraz kratšie. Rad takýchto krátkych výhonkov spôsobí, že na listnatých stromoch narastú pazúrovito zahnuté vetvy, pripomínajúce ruku sužovanú reumou. U ihličnanov sa rovný kmeň končí výhonkom do výšky, ktorý sa postupne redukuje na nulu. Kým smreky zotrvávajú v tomto stave, jedle biele hore naberajú na šírke, takže vyzerajú, akoby si tam postavil hniezdo obrovský vták. Preto sa tento fenomén v odborných kruhoch nazýva „bocianie hniezdo“. Borovica s tým začína v skoršom veku, čo má za následok, že v starobe má širokú korunu bez výraznej špičky. Každý strom však časom prestáva rásť do výšky. Korene a cievna sústava už nemôžu čerpať vodu a živiny do väčšej výšky, takáto námaha by bola nad ich sily. Namiesto toho strom jednoducho naberá na objeme (ďalšia paralela k mnohým ľuďom vo vyššom veku). Lenže pokoj si neuchová nadlho, sily sa mu v priebehu rokov pomaličky vytrácajú. Keď už nezvládze zásobovať najvyššie konáre, tie odumrú. Ako starí ľudia, aj stromy postupne strácajú telesnú výšku. Najbližšia víchrica odnesie z koruny odumreté konáre a strom po tejto čistke zasa na krátky čas vyzerá o čosi sviežejšie. Tento proces sa každý rok opakuje a koruna sa pritom nebadateľne scvrkáva. Keď sa vytratia všetky horné konáre, zostanú hrubšie vetvy. Aj ony odumrú, ibaže tak ľahko nespadnú. Strom už nemôže utajiť svoj vysoký vek ani chradnutie.

V tomto období znova vstúpi do hry kôra. Drobné mokvajúce ranky boli vstupnými bránami húb. Tie teraz oznamujú ich víťazný postup nádhernými plodnicami pripomínajúcimi rozpolený tanierik. Prilepené na kmeni sú každý rok väčšie. Vo vnútri stromu prerazia všetky zátarasy a preniknú hlboko do jadrového dreva. Tam v závislosti od druhu požierajú uložené zlúčeniny cukru alebo, čo je ešte horšie, celulózu a lignín. Takto rozkladajú a rozomieľajú kostru stromu, ktorý sa tomuto procesu ešte mnoho desaťročí statočne bráni. Po oboch stranách zväčšujúcej sa rany vytvára nové drevo a nechá ho rásť v hrubých stabilizujúcich hrčiach. To istý čas pomáha chátrajúcemu telu vzpierať sa tuhým zimným víchriciam. Jedného dňa to však príde – kmeň sa zlomí a život stromu sa skončí. „Konečne," takmer počujeme vzdych vyčkávajúcej mládeže, ktorá sa v nasledujúcich rokoch ťahá hore po rozpadnutom pni. Lenže službe lesu ani po smrti neodzvonilo. Práchnivené telo stromu hrá ešte celé storočia dôležitú úlohu v ekosystéme. To však rozoberieme neskôr.

Neduživec dub?

Na obchôdzke po svojom revíri často vídam strádajúce duby. Skutočne neraz veľmi trpia. Neklamným znamením sú náhradné výhonky na kmeni, drobné chumáče vetvičiek, ktoré vyháňajú po celom obvode a často rýchlo schnú. Svedčia o tom, že strom zvádza dlhodobý smrteľný zápas a chytá sa ho panika. Pokus tvoriť listy nízko na kmeni nemá veľký zmysel. Dub je totiž svetlomilný strom, na úspešný priebeh fotosyntézy potrebuje veľa svetla. V prítmí dolného poschodia sú mu solárne moduly nanič, preto zbytočné zariadenia rýchlo zlikviduje. Zdravý strom sa ani nepokúša investovať energiu do utvárania takýchto vetvičiek, radšej sa rozvíja v korune. Aspoň v tom prípade, ak mu dajú pokoj. Lenže duby v stredoeurópskych lesoch to majú ťažké, lebo tu nie sú doma. Sú síce neuveriteľne sociálne orientované, ale iba k jedincom svojho druhu. Masívne utláčajú cudzie stromy, aby získali priestor. Začína sa to úplne pomaly a nevinne, napríklad keď sojka zahrabe bukvicu neďaleko kmeňa mocného duba. Urobila si bohaté zásoby, preto bukvica ostane nedotknutá a najbližšiu jar vyklíči. Pomaličky, tíško a potajomky rastie po mnohé desaťročia do výšky. Mladému stromčeku síce chýba matka, ale starý dub aspoň poskytuje tieň, čo účinne pomáha pri výchove zdravého bukového dorastu. To, čo nad zemou vyzerá harmonicky, sa pod zemou mení na klíčiaci existenčný boj. Korene buka sa tisnú do každej medzery, ktorú dub ešte neobsadil. Podkopávajú starý kmeň a berú mu vodu a živiny, ktoré si veľký strom vyhradil pre seba. To zapríčiňuje jeho postupné oslabovanie. Po približne 150 rokoch sa stromček natoľko roztiahne, že krok po kroku vrastá do koruny duba. Najprv do nej a po ďalších desaťročiach ju prerastie a zovrie, lebo na rozdiel od svojho konkurenta si buk môže budovať korunu a pokračovať v raste prakticky celý život. Listy buka dostávajú priame slnečné svetlo, strom má dostatok energie a môže sa rozťahovať. Vytvorí skvostnú korunu, ktorá zachytáva 97 percent slnečného žiarenia, ako je pre tento druh typické. Dub sa ocitne v suteréne, kde jeho listy márne hľadajú svetlo. Produkcia cukru drasticky klesá, rezervy sa míňajú a strom pomaličky hynie od hladu. Tuší, že sa nedokáže presadiť proti silnému konkurentovi, nepodarí sa mu vytvoriť dlhé výhonky a napokon prerásť buku cez hlavu. V núdzi, ba možno v nastávajúcej panike spraví niečo, čím poruší všetky pravidlá. V dolnej časti kmeňa vyrazia nové vetvičky a listy. Tieto listy sú veľmi veľké a hebké, uspokoja sa s menším množstvom svetla ako listy v korune. Napriek tomu sú tri percentá málo, veď dub nie je buk. Preto náhradné výhonky zanedlho vyschnú a strom zbytočne premárnil vzácny zvyšok energie. Dub môže zotrvávať v štádiu umierania od hladu ďalšie desaťročia, až jedného dňa kapituluje. Sily mu ochabujú, no zavše ho spasia chrobáky z čeľade krasoňovitých. Nakladú na kôru vajíčka a vyliahnuté larvy urobia krátky proces – úbohému bezbrannému stromu rozožerú pokožku a ukončia jeho trápenie.

Je teda dub neduživec? Ako je potom možné, že sa stal symbolom vytrvalosti a odolnosti? I keď sa vo väčšine lesov javí tento druh stromu v porovnaní s bukom neduživý, o to húževnatejšie sa správa, keď nemá konkurenciu. Napríklad na voľnom priestranstve, teda v našej kultivovanej krajine. Kým buk bez príjemnej lesnej atmosféry málokedy prekročí vek 200 rokov, na starých hospodárskych dvoroch alebo pasienkoch sa hravo dožíva aj 500 rokov. Hlboká rana na kmeni alebo široká puklina od úderu blesku? Také dačo dubu neuškodí, lebo jeho drevo je presiaknuté prostriedkami proti hubám, ktoré účinne spomaľujú hnilobné procesy. Triesloviny odrádzajú väčšinu hmyzu, a tieto obranné látky dokonca celkom mimochodom a neplánovane zlepšujú aj chuť vína (barikové víno), keď sa z duba vyrobí sud. Dokonca aj ťažko poškodené jedince s odlomenými korunami majú schopnosť vytvoriť náhradnú korunu a ďalšie storočia prežívať. To by väčšinu bukov dorazilo, najmä mimo lesa a bez milovaného príbuzenstva. Keď ich poškodí víchrica, zostáva im najviac niekoľko desaťročí života.

Aj v mojom revíri duby dokazujú, že sú vykresané z mimoriadne odolného dreva. Na veľmi teplom južnom svahu rastú nespočetné stromy, zakorenené na holej skale. Keď letná horúčava horninu neznesiteľne prehreje, vyparia sa z nej aj posledné zvyšky vody. V zime do hĺbky preniká treskúci mráz, lebo tam chýba hrubá ochranná vrstva zeminy s hrubým nánosom spráchnivených listov. Tie odveje aj najjemnejší vetrík, takže na svahu sa usadí len zopár skromných lišajníkov, ktoré sotva izolujú skalu od extrémnych teplôt. Výsledok: Stromy, presnejšie stromčeky dosiahnu po sto rokoch hrúbku ruky a výšku do piatich metrov. Zatiaľ čo ich súkmeňovci v útulnej lesnej klíme prekonali výšku 30 metrov a vytvorili mocné kmene, títo askétovia si vedú skromne a uspokoja sa so statusom kríkov. Ale prežívajú! Výhodou tejto kritickej polohy je, že ostatné miestne druhy sa dávno vzdali. Núdzna existencia, zato však bez starostí s konkurenciou iných druhov stromov, prináša tiež svoje výhody.

Apropo, hrubá borka duba je oveľa robustnejšia ako hladká, tenká pokožka buka, preto ho chráni pred mnohými vonkajšími nepriateľmi. Dokonca poslúžila ako základ pre vznik nemeckého porekadla: „Starý dub obtieranie diviaka netrápi."

Špecialisti

Stromy môžu rásť na mnohých extrémnych miestach. Ba musia! Lebo keď semienko padne zo stromu, miesto jeho pobytu môže zmeniť vietor alebo zvierací dostavník. A keď na jar vyklíči, kocky sú hodené. Odteraz je semenáčik po celý život viazaný práve na tento kúsok zeme a musí brať, čo príde. A pre väčšinu mláďat stromov toho príde vrchovato. Ich výber z osudia sa totiž často ukáže ako zásah do prázdna. Buď je na stanovišti priveľká tma, napríklad keď pod vysokými bukmi vyklíči čerešňa prahnúca po svetle. Alebo je tam priveľké svetlo – to zase platí pre mladé buky na voľnom priestranstve, kde im jemné lístky spáli prudké slnko. Korene väčšiny druhov stromov v bahnistej lesnej pôde zhnijú, kým v suchom piesku zhynú od smädu. Mimoriadne nešťastné sú pristávacie plochy bez štipky výživnej pôdy, ako napríklad skaly alebo rázsochy veľkých stromov. Zavše vydrží šťastie len krátko. Napríklad keď semienka zostanú ležať na vysokých kýpťoch zlomených stromov. Zakorenia sa v spráchnivenom dreve a vyrastú z nich malé stromčeky. Lenže najneskôr počas mimoriadne suchého leta, keď sa z mŕtveho dreva odparí posledná tekutina, vyschnú aj títo domnelí víťazi. Mnohé stromy majú rovnakú predstavu o ideálnom bydlisku. Väčšina európskych druhov stromov má totiž rovnaké kritériá na to, kedy sa cítia dobre. Obľubujú zem bohatú na živiny, kyprú a dobre prevzdušnenú do hĺbky niekoľkých metrov. Pôda má byť vlhká, najmä v lete. Leto nesmie byť príliš studené a zima príliš mrazivá. Má snežiť len mierne a keď sa sneh topí, má dôkladne zmáčať zem. Jesenné búrky majú stlmiť nablízku ležiace horské chrbty a les má byť chudobný na drevokazné huby a hmyz napádajúci kôru a drevo. Keby si stromy mohli vysnívať raj na zemi, vyzeral by práve takto. Lenže až na niekoľko malých fliačikov zeme nikde nenájdeme takéto ideálne podmienky. A to podporuje druhovú rozmanitosť. Preteky v raji na zemi s názvom stredná Európa by v súčasnosti určite vyhral buk. Vie dokonale zhodnotiť nadbytok a vytláča všetkých konkurentov, lebo im jednoducho prerastie cez hlavu a svojimi výhonkami zacloní korunu porazeného stromu. Kto sa chce presadiť voči takejto silnej konkurencii, musí si niečo vymyslieť. Odchýlky od stromového raja na zemi prinášajú ťažkosti. Kto chce nájsť ekologickú niku po boku buka, musí byť v niektorej oblasti askétom. Ekologickú niku? Väčšina životných priestorov na Zemi neposkytuje ideálne podmienky, práve naopak, náročných stanovíšť je nadbytok a komu sa tam darí, môže obsadiť obrovský areál. To urobil smrek. Ten môže zakotviť všade tam, kde je krátke leto a mrazivá zima – vysoko na severe alebo v našich horách neďaleko hranice lesa. Keďže vegetačné obdobie na Sibíri, v Kanade alebo v Škandinávii často trvá len zopár týždňov, buk by na týchto miestach ešte ani nevyhnal listy, a už by bolo po sezóne. Zimy sú tam také ľadové, že by nakoniec zamrzol. Tam môže zabodovať iba smrek. V ihličí a kôre hromadí éterické oleje, ktoré predstavujú akúsi mrazuvzdornú ochranu. Preto nepotrebuje svoju zelenú krásu zhodiť, v studenom ročnom období si ju jednoducho ponechá na vetvách. Len čo sa na jar oteplí, naštartuje fotosyntézu. Nepremárni jediný deň, a hoci sa cukor a drevo môžu tvoriť len zopár týždňov, strom každý rok podrastie o niekoľko centimetrov. Keď ihličie zostáva na vetvách, je to veľké riziko. Uľpie na ňom sneh a prináša veľkú záťaž, ktorá môže spôsobiť, že sa strom zlomí. Aby sa to nestalo, smrek používa dve obranné stratégie. Po prvé, spravidla vytvára úplne rovný kmeň. Keď je poriadne zakotvený v zvislej polohe, nemožno ho tak ľahko vyviesť z rovnováhy. Po druhé, v lete má vodorovné vetvy, no len čo sa na nich usadí sneh, pomaly poklesnú, až ustrnú v tvare strechy. Tak sa vzájomne podopierajú a silueta stromu zhora nadol podstatne zoštíhlie. Preto väčšina snehu padne mimo neho. V oblastiach bohatých na sneh vo vysokohorských pásmach alebo ďaleko na severe má smrek veľmi úzku a dlhú korunu s krátkymi vetvami, ktorá tento efekt ešte zosilňuje.

Ihličie však prináša aj ďalšie nebezpečenstvo. Zostáva na strome a zväčšuje plochu, do ktorej sa zapiera vietor, preto sa smreky môžu počas zimných víchríc ľahko vyvrátiť. Pred tým ich chráni mimoriadne pomalý rast. Stromy vo veku niekoľko sto rokov často nie sú vyššie ako desať metrov, štatistické nebezpečenstvo však významne stúpa až od výšky 25 metrov.

V našich zemepisných šírkach prirodzene rástli prevažne bukové pralesy a tie neprepustia na zem takmer nijaké svetlo. Tomu sa prispôsobil tis. Je stelesnením skromnosti a trpezlivosti. Keďže vie, že buku nesiaha ani po členky, začal sa špecializovať na dolné poschodia lesa. Vystačí si s tromi percentami zvyškového svetla, ktoré buky prepúšťajú cez lístie. Často prejde aj celé storočie, kým v takýchto podmienkach dosiahne viacmetrovú výšku a pohlavnú zrelosť. Zatiaľ sa mu môže prihodiť všeličo.

Buď ho obhryzú bylinožravce a to ho vrhne o desaťročia dozadu, alebo, a to je ešte horšie, ho strhne hynúci buk. Lenže húževnatý strom sa predvídavo zabezpečil. Od samého začiatku investuje podstatne viac energie do budovania koreňovej sústavy ako iné druhy. Tu hromadí živiny a ak sa mu nad zemou pritrafí malér, s čerstvým elánom vyrazí nanovo. Často sa stane, že tis vytvorí viacero kmeňov, ktoré potom vo vyššom veku môžu zrásť. To stromu dodáva vráskavý výzor. A môže sa dožiť vysokánskeho veku – vyše tisíc rokov! Prežije väčšinu väčších konkurentov a keď starý strom nad ním vypustí dušu, chvíľu rastie aj na slnku. Napriek tomu tisy nepresiahnu výšku 20 metrov – sú totiž skromné a nemajú namierené do neba.

Príbuzný brezy, hrab, sa snaží tis napodobniť, ale nie je natoľko nenáročný a potrebuje viac svetla. Pod bukmi síce vydrží, ale vysoký strom z neho nevyrastie. Zriedkakedy dosiahne výšku nad 20 metrov, aj to len pod svetlomilným druhom stromu, napríklad dubom. Tam sa môže voľne rozvíjať a keďže neskríži cestu vyššiemu dubu, nájde sa dosť miesta pre oba druhy. Lenže neraz sa k nim pridruží buk, ktorý prekoná oba druhy a dub prerastie. Hrab môže zabodovať len vtedy, keď popri veľkom tieni vydrží aj veľké sucho a teplo – buky si s tým nevedia rady, preto majú hraby šancu prinajmenšom na suchých južných svahoch.

Močaristá pôda, stojatá voda chudobná na kyslík – tieto podmienky nevydržia korene väčšiny druhov stromov a odumrú. Takúto situáciu nachádzame poblíž prameňov alebo pozdĺž potokov, ktorých záplavové územie je každú chvíľu pod vodou. Keď tam zablúdi a vyklíči bukvica, môže z nej spočiatku vyrásť statný strom. Ale jedného dňa za letnej búrkovej víchrice sa buk vyvráti, lebo prehnité korene nemajú dostatočnú oporu. Do podobných ťažkostí sa dostanú smreky, borovice, hraby aj brezy, keď si nohy podchvíľou, ba stále máčajú v hnijúcej vode. Celkom opačne sú na tom jelše. Tie so svojimi 30 metrami síce nedosiahnu výšku konkurencie, no dokážu skvele rásť na neobľúbenej močaristej pôde. Ich tajomstvo spočíva v koreňovom systéme s vnútornými prevzdušňovacími kanálikmi. Kyslík sa tak dostane až do špičiek koreňov, podobne ako u potápačov, ktorých hadica spája s hladinou. Okrem toho stromy majú v dolnej časti kmeňa korkové bunky, ktoré umožňujú prívod vzduchu. Až keď hladina vody na dlhší čas presiahne dýchacie otvory, jelšu to môže natoľko oslabiť, že jej korene padnú za obeť agresívnym hubám.

Strom či nie strom?

Čo je to vlastne strom? Slovník ho definuje ako drevinu s kmeňom, z ktorého vyrastajú konáre. Hlavný výhonok musí byť teda dominantný a ustavične rásť nahor, ináč rastlinu považujeme za ker, kde zo spoločného pňa vyrastajú viaceré tenké kmene či lepšie povedané vetvičky. Ale akú úlohu zohráva výška? Osobne mám vždy problém, keď sledujem reportáže o lesoch v oblasti Stredozemného mora, ktoré mi pripomínajú zhluky krovia. Stromy sú predsa majestátne bytosti, pod ich korunami si pripadáme ako mravce. Na cestách po Laponsku som však natrafil na celkom iných zástupcov rastlinnej ríše, pri ktorých ľudia vyzerajú ako Guliver v krajine Liliputánov. Boli to trpasličie stromy tundry, ktoré nejeden pútnik nevšímavo pošliape. Za sto rokov nevyrastú viac ako 20 centimetrov. Vedci ich nepovažujú za stromy, rovnako ako ani brezu nízku. Pritom môže vytvárať pníky do výšky troch metrov, zväčša však nedorastá ani do výšky očí, a preto ju asi neberú vážne. Keby sme vždy merali rovnakým metrom, nemohli by sme priradiť k stromom ani mladé buky či jarabiny. Veľké cicavce, napríklad srnčia alebo jelenia zver, ich obhryzaním natoľko zdecimujú, že celé desaťročia živoria pri výške 50 centimetrov ako kríčky s mnohými výhonkami.

A čo ak strom vypílime? Je mŕtvy? Čo sa stane s vyššie spomínaným niekoľkostoročným pňom, ktorý jeho kamaráti dodnes udržujú nažive? Je to strom; a ak nie, čo iné? Ešte zložitejšia situácia nastane, ak z pňa vyženie nový kmeň. V mnohých lesoch je to pravidlo, lebo uhliari po dlhé storočia klčovali listnaté stromy a spracúvali ich na drevné uhlie. Z pňov vyháňali nové kmene, ktoré položili základ mnohých dnešných listnatých lesov. Z takýchto výmladkových porastov pochádzajú najmä dubové a hrabové lesy. V intervale niekoľkých desaťročí sa v nich striedala fáza klčovania s fázou rastu, takže stromy nemali možnosť vyrásť a dospieť. Dialo sa to preto, lebo vtedajšie obyvateľstvo bolo veľmi chudobné a nemohlo si dovoliť dlho čakať na nové drevo. Tieto relikty spoznáte na lesnej prechádzke podľa kríkovitých viacnásobných kmeňov alebo stvrdnutých hrčí pri päte kmeňa, kde periodické stínanie spôsobilo zdureniny.

Sú tieto kmene mladé stromčeky, alebo naopak tisícroční starci? Túto otázku si položili aj vedci, keď skúmali prastaré smreky vo švédskej provincii Dalarna. Najstarší strom vytvoril akýsi plochý ker, ktorý sťa koberec vrúbil jednotlivé pníky. Všetko dovedna patrilo k stromu, ktorého valcovité drevo vyšetrili metódou C14. C14 je rádioaktívny uhlík, ustavične sa obnovuje v atmosfére a následne sa pomaly rozpadáva. Jeho pomer k ostatnému uhlíku zostáva konštantný. Keď je viazaný na aktívnu biomasu, napríklad na drevo, jeho rozpad plynulo pokračuje a drevo už neprijíma ďalší rádioaktívny uhlík. Čím nižší je jeho podiel, tým staršie musí byť tkanivo. Výskum dokázal stromu takmer neuveriteľný vek 9 550 rokov. Niektoré výhonky boli mladšie, ale nové výhonky posledných storočí vedci nehodnotili ako samostatné stromy, ale ako časť celku.[22] Podľa môjho názoru oprávnene, pretože koreň je istotne rozhodujúcejší ako nadzemný výhonok. Veď zabezpečil prežitie organizmu, odolal silným klimatickým výkyvom a usilovne vyháňal nové výhonky. V ňom sú uložené skúsenosti storočí, ktoré mu umožnili prežiť do dnešného dňa. Smrek šmahom ruky hodil cez palubu viaceré vedecké konsenzy. Po prvé, nikto dovtedy nevedel, že tieto ihličnany sa môžu dožiť podstatne viac než 500 rokov, po druhé, všetci do dneška predpokladali, že smreky prenikli do tejto časti Švédska len pred 2 000 rokmi po ústupe ľadu. Podľa mňa tento nenápadný malý stromček symbolizuje, ako málo rozumieme lesom a stromom a koľko zázrakov ešte čaká na to, aby sme ich objavili.

Vráťme sa k otázke, prečo je koreň najdôležitejšia časť stromu. Možno tam sídli akýsi mozog stromu. Mozog stromu? Nie je to trošku prehnané? Možno áno. Ale už vieme, že stromy sa dokážu učiť, teda hromadiť skúsenosti, a niekde v organizme na to musia mať príslušné miesto. Nevieme, kde sa nachádza, ale na tento účel by sa najviac hodili korene. Z akých dôvodov? Po prvé, staré smreky vo Švédsku ukazujú, že podzemná časť stromov je najtrvácnejšia – kde inde by si dlhodobo ukladali dôležité informácie? Po druhé, aktuálne bádanie dokazuje, že jemné pletivo vždy dokáže prekvapiť. Doteraz sme pokladali za nesporný fakt, že všetky činnosti riadia chemické látky. To nie je nič nactiutŕhačské, veď aj u ľudí regulujú mnohé procesy signálne látky. Korene ich prijímajú, posielajú ďalej, privádzajú k partnerským hubám produkty fotosyntézy a dokonca vedú k susedným stromom varovné látky. Ale mozog? Na to by podľa nášho chápania boli potrebné neuronálne procesy, a k tým okrem signálnych látok prináležia aj elektrické prúdy. Práve tie možno merať, a to už od 19. storočia. Medzi vedcami už mnoho rokov prebieha vášnivý spor. Vedia rastliny myslieť, sú inteligentné?

František Baluška z Ústavu bunkovej a molekulárnej botaniky Bonnskej univerzity zastáva s kolegami názor, že v špičke koreňa sa nachádzajú štruktúry podobné mozgu. Okrem signálnych dráh tam jestvujú početné zariadenia a molekuly, aké nachádzame aj u zvierat.[23] Keď sa koreň v pôde derie dopredu, môže prijímať vzruchy. Vedci merajú elektrické signály, ktoré sa v prechodnej zóne spracúvajú a zapríčiňujú zmenu správania. Ak korene narazia na jedovaté látky, nepreniknuteľné kamene alebo príliš mokré oblasti, vyhodnotia situáciu a vysielajú do rastovej zóny potrebné signály. Tá na ich základe presmeruje výhonky, ktoré obídu kritickú časť pôdy. Či v tom možno vidieť základ inteligencie, pamäti a emócií, o tom väčšina rastlinných bádateľov v súčasnej dobe pochybuje. Rozčuľuje ich prenos vedeckých zistení na paralelnú situáciu u zvierat a v konečnom dôsledku hrozba, že sa zotrú hranice medzi rastlinnou a živočíšnou ríšou. No a? Čo by na tom bolo zlé? Rozdelenie na rastliny a živočíchy je aj tak založené na náhode, na spôsobe obstarávania potravy. V prvých prebieha fotosyntéza a druhí požierajú živé organizmy. Veľké rozdiely sú už len v časovom intervale, kedy sa informácie spracúvajú a premieňajú na činy. Azda majú pomalé tvory automaticky nižšiu hodnotu ako rýchle? Zavše sa ma zmocní podozrenie, že by sme brali väčší ohľad na stromy a iné rastliny, keby vedci s určitosťou zistili, ako blízko majú k zvieratám.

V ríši tmy

Pôda je pre nás ľudí ešte neprehľadnejšia ako voda, a to platí aj v prenesenom zmysle slova. Morské dno je menej prebádané ako povrch Mesiaca[24] a život pôdy ešte menej. Bezpochyby jestvuje množstvo objavených biologických druhov a faktov, o ktorých si môžeme všeličo prečítať. Lenže v porovnaní s rozmanitosťou života, ktorý nám prúdi pod nohami, je to len nepatrný zlomok. Polovica biomasy lesa sa skrýva v jeho suteréne. Väčšinu živočíchov, ktoré tam žijú, voľným okom nemôžeme rozoznať. To je pravdepodobne hlavný dôvod, prečo nás nezaujímajú natoľko ako napríklad vlk dravý, drozd čierny alebo salamandra škvrnitá. Pritom sú pre stromy oveľa dôležitejšie. Les sa bez svojich veľkých obyvateľov poľahky zaobíde. Odchod srniek, jeleňov, diviakov, šeliem, ba aj väčšiny vtákov by v ekosystéme nezanechal bolestivú medzeru. Aj keby odrazu všetky zmizli, les by pokojne rástol ďalej. No náhla neprítomnosť trpaslíkov pod vašimi nohami by ho zasiahla celkom inak. V jedinej hrsti lesnej pôdy žije viac živočíchov, ako je ľudí na Zemi. Jedna čajová lyžička obsahuje vyše kilometra hubových vlákien. Všetky tieto tvory ovplyvňujú pôdu, pretvárajú ju a zvyšujú jej hodnotu pre stromy. Prv než sa bližšie pozrieme na niektoré z nich, chcem sa s vami vrátiť k počiatku vzniku pôdy. Bez pôdy niet lesov, veď stromy musia niekde zakoreniť.

Holá skala by im nestačila. Štrk by síce poskytol koreňom oporu, ale neudržal by v sebe dostatok vody a živín. Dejinné procesy, teda ľadové doby s mrazivými fázami trieštili horniny, ľadovce obrúsili úlomky skál na piesok a prach, až napokon vznikol kyprý základný substrát. Po roztopení ľadu ho voda odplavila do nížin a údolí, alebo ho víchrice naviali do niekoľkometrových vrstiev. Neskôr v nich vznikol život vo forme baktérií, húb a rastlín, a tie sa zas po smrti rozložili na humus. V priebehu tisícročí sa v pôde – až teraz ju takto možno nazvať – usadili stromy, ktoré ju čoraz väčšmi obohacovali. Koreňmi jej poskytovali oporu a chránili ju pred dažďom a víchricou. Erózia mala stále menšiu šancu, naopak, pribúdali vrstvy humusu a vytvárali predstupne hnedouhoľných ložísk. Apropo, erózia. Je to jeden z najväčších prirodzených nepriateľov lesa. K vymieľaniu pôdy dochádza pri extrémnych udalostiach, zväčša počas mimoriadne silných zrážok. Ak lesná pôda nemôže hneď prijať všetku vodu, zvyšok steká po povrchu a unáša malé čiastočky. V daždivom počasí to môžete pozorovať na vlastné oči. Vždy keď je voda skalená dohneda, odnáša vzácnu zeminu. Za rok to môže byť až 10 000 ton zo štvorcového kilometra. Z kameňov v podloží sa na rovnakej ploche vytvorí ročne zvetrávaním len 100 ton, čo znamená obrovský úbytok pôdy. Až pokiaľ jedného dňa nezostane iba štrk. Takéto znehodnotené plochy nachádzame na mnohých miestach lesa, stromy tu rastú na vyčerpanej pôde, ktorá sa ešte pred storočiami využívala na poľnohospodárske účely. Ak však les zostane z veľkej časti zachovaný, stratí ročne na štvorcovom kilometri len 0,4 až 5 ton zeminy. Pôda pod stromami v priebehu času získava na objeme a životné podmienky sa sústavne zlepšujú.[25]

Posvieťme si na pôdne živočíchy. Priznávam, nie sú veľmi atraktívne. Vzhľadom na ich miniatúrne rozmery je väčšina druhov voľným okom neviditeľná a nezlepší sa to ani vtedy, ak si vezmete na pomoc lupu. Oribatidy, chvostoskoky a mnohoštetinavce nie sú zďaleka také sympatické ako orangutany či veľryby. Trpaslíci predstavujú v lese začiatok potravinového reťazca, je to teda akýsi pôdny planktón. Žiaľ, aj výskum sa len okrajovo zaujíma o tisícky druhov s nevysloviteľnými latinskými názvami, ktoré vedci objavili. Nespočetné ďalšie druhy doteraz čakajú na objavenie. Možno nás aj teší, že v lesoch je toľko tajomstiev, ktoré nám ležia rovno pri nohách. Pozrime sa na tie, ktoré sme už odhalili.

Napríklad vyššie spomenuté oribatidy. V našich zemepisných šírkach žije vyše 1 000 známych druhov. Nemerajú ani milimeter a vyzerajú ako pavúky s krátkymi nôžkami. Pieskové zafarbenie im dobre maskuje telo v prirodzenom životnom prostredí – v pôde. Sú to akési roztoče? Okamžite naskočia asociácie s roztočmi v domácnosti, ktoré sa živia kožnými šupinkami a inými ostatkami a spôsobujú nám alergie. Časť oribatidov sa skutočne správa podobne k stromom. Opadnuté lístie a šupiny z kôry by sa kopili do metrovej výšky, keby sa na ne lačno nevrhala armáda miniatúrnych živočíchov. Žijú v opadanom lístí, ktoré s veľkou chuťou požierajú. Iné druhy sa špecializujú na huby, preto žijú v úzkych pôdnych chodbičkách a pijú šťavu, ktorú vylučujú jemné biele vlákna húb. Nakoniec sa oribatidy živia cukrom, ktorým stromy zásobujú partnerské huby. Alebo odumretým drevom či uhynutými slimákmi – nepohrdnú ničím. Oribatidy sa objavujú všade na rozhraní zrodu a zániku a ekosystém sa bez nich nezaobíde.

Alebo hmyz z čeľade nosáčikovitých. Jeho predstavitelia vyzerajú takmer ako miniatúrne slony, chýbajú im len odstávajúce uši, a vo svete patria k najrôznorodejším biologickým druhom hmyzu – iba u nás sa ich vyskytuje okolo 1 400. Chobot však slúži skôr na pomoc potomstvu než na prijímanie potravy. Drobné živočíchy vyžierajú pomocou tohto dlhého orgánu dierky do listov a stoniek, kam potom kladú vajíčka. Larvy chránené pred predátormi môžu nerušene hĺbiť v rastlinách úzke chodbičky a pokojne rásť.[26]

Niektoré druhy z čeľade nosáčikovitých, zväčša pôdni obyvatelia, sa odnaučili lietať a zvykli si na pomalý rytmus lesa a jeho takmer večný život. Prejdú maximálne desať metrov ročne a viac im ani netreba. Keď strom zahynie a v dôsledku toho sa zmení jeho okolie, hmyz sa jednoducho presunie k najbližšiemu stromu a pokračuje v prežúvaní spráchniveného lístia. Tam, kde tieto chrobáky nájdeme, môžeme predpokladať dlhú a nenarušenú lesnú históriu. Ak les v stredoveku vyklčovali a neskôr znovu vysadili, tento hmyz v ňom chýba, lebo spiatočná cesta z najbližšieho starého lesa je jednoducho pridlhá.

Všetky spomínané živočíchy majú jedno spoločné. Sú maličké, a preto majú veľmi obmedzený akčný rádius. V rozsiahlych pralesoch, ktoré kedysi pokrývali strednú Európu, to ešte nehralo úlohu. Dnes však väčšinu lesov zmenila ľudská aktivita. Smreky namiesto bukov, duglasky namiesto dubov, mladé stromy namiesto starých – živočíchom to v pravom zmysle slova nevonia ani nechutí, preto pomrú od hladu a lokálne vyhynú. No ešte existujú staré listnaté lesy a poskytujú útočiská, kde pretrváva niekdajšia druhová rozmanitosť. Lesné správy po celej krajine sa usilujú nanovo vypestovať viac listnatých ako ihličnátých lesov. Ale aj keď v oblastiach, kde víchrice lámu smreky a vzniká miesto pre zmenu, budú rásť mocné buky, ako sa tam dostanú oribatidy a chvostoskoky? Peši sotva, veď za celý svoj život prejdú ledva meter. Máme vôbec nádej, že jedného dňa budeme môcť aspoň v národných parkoch, napríklad v Bavorskom lese, obdivovať pravé pralesy? Nie je to vylúčené, lebo výskumy študentov v mojom revíri ukázali, že miniatúrne živočíchy žijúce v ihličnatých lesoch dokážu prekonať prekvapivo veľké vzdialenosti. Jasne to dokazujú práve staré smrekové plantáže. V nich mladí výskumníci našli druhy chvostoskokov, ktoré sa špecializujú na smrekové lesy. Takéto lesy moji predchodcovia v Hümmeli vysadili len pred sto rokmi, predtým rástli aj u nás prevažne staré buky ako v celej strednej Európe. Ale ako sa dostali chvostoskoky, odkázané na ihličie, do Hümmelu? Podľa môjho odhadu ich sem priniesli vtáky v perí ako čiernych pasažierov. Vtáky sa rady kúpu v prachu, aby si vyčistili perie. Pritom sa v ňom zachytia aj miniatúrne pôdne živočíchy, ktoré vták po krátkom lete do najbližšieho lesa pri ďalšom prachovom kúpeli opäť vytrasie von. A čo funguje u živých organizmov špecializovaných na smreky, môže sa dariť aj u druhov žijúcich v lístí. Keď budeme mať viac starých listnatých stromov, ktoré budú môcť nerušene rásť, možno sa vtáky postarajú, aby sa pod nimi zasa objavili tí správni podnájomníci. No ako dokazujú najnovšie štúdie z Kielu a Lüneburgu, návrat trpaslíkov môže trvať veľmi, veľmi dlho.[27] Na Lüneburskej planine vysadili pred vyše sto rokmi na bývalej ornej pôde dubové lesy. Vedci predpokladali, že o niekoľko desaťročí sa v pôde usídli pôvodné zloženie húb a baktérií. Lenže ich predpoklad bol mylný. Dokonca aj po relatívne dlhom čase sa obrovské medzery v inventári druhov nezaplnili a pre les to má nedozerné následky. Kolobeh živín pri zrode a zániku nefunguje správne, navyše sa v pôde doteraz nachádzajú zvyšky dusíka z niekdajšieho hnojenia. Dubový les síce rastie rýchlejšie ako porovnateľné lesné porasty so stanovišťom na bývalej pralesnej pôde, je však oveľa háklivejší, napríklad na sucho. Nikto nevie, ako dlho potrvá, kým sa vytvorí pravá lesná pôda, jasné je iba jedno: sto rokov nestačí. Ale aby sa regenerácia niekedy vôbec uskutočnila, potrebujeme rezervácie s pôvodnými lesmi bez akéhokoľvek zásahu ľudskej ruky. Len v nich pretrváva pestrosť pôdneho života, sľubujúca zárodok zotavenia okolitých plôch. No netreba sa hneď vzdať, ako to už roky demonštruje obec Hümmel. Vzala si pod ochranné krídla všetky staré bukové lesy a teraz ich zužitkúva ináč. Časť z nich využíva ako urnový háj, kde stromy slúžia ako živé náhrobky na uloženie urny. Stať sa po smrti súčasťou pralesa – nie je to pekná predstava? Inú časť rezervácie prenajíma firmám, ktoré takto prispievajú k ochrane životného prostredia. Drevo síce nevyužívajú, no les im to spláca iným spôsobom, človek aj príroda sú spokojné.

Vysávač oxidu uhličitého

Vo veľmi rozšírenej, ale dosť zjednodušenej predstave o fungovaní prírody sú stromy symbolom vyrovnanej bilancie. Prebieha v nich fotosyntéza, pritom produkujú uhľovodíky, tie využívajú na vlastný rast a v priebehu života si zhromaždia v kmeni, konároch a v koreňoch až 20 ton oxidu uhličitého. Keď jedného dňa uhynú, uvoľní sa rovnaké množstvo skleníkových plynov, lebo huby a baktérie drevo strávia a spracované znova vydychujú. Z tohto poznatku vychádza aj tvrdenie, že drevo je pri spaľovaní klimaticky neutrálne. V konečnom dôsledku je predsa jedno, či fúru dreva rozložia na plynné zložky drobné organizmy, alebo či túto úlohu prevezme domáca pec. Lenže les tak jednoducho nefunguje. V skutočnosti je to velikánsky vysávač oxidu uhličitého, ktorý túto zložku vzduchu ustavične filtruje a ukladá si ju do tela. Po uhynutí stromu sa síce časť z neho skutočne vráti do atmosféry, ale väčšina natrvalo zostáva v ekosystéme. Rozdrobený kmeň sa pôsobením mnohých živočíšnych druhov pomaly drobí na čoraz menšie kúsky, slúži ako potrava a centimeter po centimetri sa prepadáva do zeme. Napokon prácu dokončí dážď, ktorý odplaví organické zvyšky do pôdy. Čím hlbšie sa dostanú, tým je v nej chladnejšie. S klesajúcimi teplotami sa spomaľuje aj život, až napokon dôjde takmer k nehybnosti. Tu oxid uhličitý nachádza miesto posledného odpočinku v podobe humusu a pomaly sa obohacuje. Vo vzdialenej budúcnosti sa možno premení na hnedé alebo kamenné uhlie. Aj súčasné ložiská týchto fosílnych surovín vznikli pred približne 300 miliónmi rokov zo stromov. Tie síce vyzerali troškuináč – podobali sa skôr na tridsaťmetrové paprade alebo prasličky, ale s dvojmetrovým priemerom kmeňa dosahovali podobné rozmery ako dnešné druhy. Väčšina stromov rástla v močiaroch a keď zomreli na starobu, ich kmene čľupli do bahnistej vody, kde nezhnili. V priebehu tisícročí sa z nich vytvorili hrubé vrstvy rašeliny, ktoré neskôr prekryl štrk a pod jeho tlakom sa postupne premenili na uhlie. Vo veľkých konvenčných elektrárňach teda spaľujeme fosílne lesy. Nebolo by preto správne a zmysluplné, keby sme aj my dali stromom šancu napodobniť svojich predkov? Mohli by zachytiť a uložiť do zeme aspoň časť oxidu uhličitého.

Dnes takmer nepribúda nové uhlie, lebo sústavným obhospodarovaním (rúbaním stromov) sa lesy presvetľujú. Teplé slnečné lúče prenikajú na zem a pomáhajú živočíšnym druhom v pôde dostať sa do kondície. Živočíchy vyjedia posledné zásoby humusu v hlbšie uložených vrstvách a vypustia ich v plynnom skupenstve do atmosféry. Celkové množstvo unikajúcich klimatických plynov približne zodpovedá množstvu, aké vyprodukuje úžitkové drevo. Za každé poleno, ktoré spálite doma v peci, sa vonku z lesnej pôdy uvoľní rovnaká masa oxidu uhličitého. Zásobáreň uhlíka pod stromami sa v našich zemepisných šírkach teda vyprázdňuje zarovno s tým, ako vzniká.

Napriek tomu môžete na každej lesnej prechádzke vidieť počiatočné procesy tvorby uhlia. Prehrabávajte sa v zemi, kým nenarazíte na svetlejšiu vrstvu. Až potiaľ je horná, tmavšia vrstva hojne presýtená uhlíkom. Keby sme nechali les na pokoji, vznikol by predstupeň uhlia, plynu alebo ropy. Na veľkých chránených územiach, napríklad v centrálnych oblastiach národných parkov, prebiehajú tieto procesy nerušene ďalej. Tenké vrstvy humusu však nie sú len výsledkom dnešného lesného hospodárenia. Už Rimania a Kelti usilovne ťažili drevo a narúšali prírodné procesy.

Prečo vlastne stromy sústavne odpratávajú svoju obľúbenú potravu? A nielen stromy. Všetky rastliny vrátane rias v oceánoch filtrujú oxid uhličitý, a keď uhynú a klesnú do bahna, hromadí sa tam vo forme zlúčenín uhlíka. Spolu so živočíšnymi zvyškami, napríklad s vápnikom z koralov, ktoré patria k najväčším zásobníkom oxidu uhličitého, sa z atmosféry za tisícročia odčerpalo enormné množstvo uhlíka. V čase vzniku najväčšieho náleziska uhlíka, v karbóne, bola koncentrácia uhlíka deväťnásobne vyššia ako dnes, dokým vtedajšie lesy nespôsobili pokles na trojnásobok dnešnej hodnoty.[28] Ale kedy sa naplní pohár v prípade našich lesov? Budú ďalej zhromažďovať uhlík, až vo vzduchu nijaký nezostane? Túto otázku si pri našom hlade po konzume už ani nekladieme, z obrany sme prešli do útoku a zásobáreň oxidu uhličitého veselo vyprázdňujeme. Ropu, plyn a uhlie spaľujeme ako kurivo aj pohonné hmoty a vypúšťame ich do vzduchu. Nehľadiac na klimatické zmeny je to naozaj požehnanie, že oslobodzujeme skleníkové plyny z podzemného väzenia a dávame ich do užívania? Tak ďaleko by som nezachádzal, ale hnojivový efekt stúpajúcej koncentrácie oxidu uhličitého možno dokázať. Nové lesné inventúry ukazujú, že stromy rastú rýchlejšie. Tabuľky na odhad produkcie dreva sa museli prispôsobiť novej situácii, veď medzičasom pribúda približne o tretinu viac biomasy ako ešte pred niekoľkými storočiami. Ako sme to vlastne povedali? Pomalosť – to je zásada stromov, ak sa chcú dožiť staroby. A toto je nezdravý rast, povzbudzuje ho mohutná produkcia dusíka v poľnohospodárskej výrobe. Teda aj tu platí staré pravidlo, že menej (CO_2) je viac (života).

Už ako študent lesníctva som sa naučil, že mladé stromy sú vitálnejšie a rastú rýchlejšie ako staré. Tento vedecký konsenzus odborníci obhajujú dodnes. Vedie k názoru, že lesy treba omladzovať. Omladzovať? To znamená vyrúbať staré kmene a nahradiť ich čerstvo vysadenými stromčekmi. Len vtedy sú stromy stabilné a môžu produkovať náležité množstvo dreva, prijímať a viazať oxid uhličitý zo vzduchu – také sú aktuálne vyjadrenia spolkov majiteľov lesov a zástupcov lesného hospodárstva. Podľa druhu stromu vraj vo veku 60 až 120 rokov dochádza k spomaleniu rastu a vtedy je načase vyrukovať so žacími strojmi. Vari sa ideál večnej mladosti, o ktorom sa v našej spoločnosti vedú kontroverzné diskusie, jednoducho prenáša aj na lesy? Tak sa zdá, lebo keď sa na to pozrieme z hľadiska ľudských kritérií, 120-ročný strom práve vychodil školu. Štúdia medzinárodného výskumného tímu naznačuje, že doterajšie vedecké úvahy sú naozaj úplne zvrátené. Vedci preskúmali okolo 700 000 stromov na všetkých kontinentoch a dospeli k prekvapivému výsledku. Čím vyššieho veku sa stromy dožívajú, tým rýchlejšie rastú. Stromy s priemerom kmeňa jeden meter vyrobia trikrát toľko biomasy ako jedince s polovičnou hrúbkou kmeňa.[29] Starý v prípade stromov teda neznamená slabý, skrivený a chorľavý, ale pravý opak: zanietený a výkonný. Starci v ríši stromov sú podľa toho zjavne produktívnejší ako mladíci, a v rámci klimatických zmien aj dôležití spojenci ľudí. Zásadu, že lesy treba omladzovať, aby sa vitalizovali, možno od uverejnenia štúdie označiť prinajmenšom za zavádzajúcu. Zníženie hodnoty stromu od určitého veku sa rysuje, ak vôbec, možno len z hľadiska využitia dreva. Vtedy totiž môžu huby spôsobiť hnilobu vo vnútri kmeňa, ale ani to nebráni stromu v ďalšom raste. Ak chceme lesy využívať ako prostriedok boja proti klimatickým zmenám, musíme im dovoliť zostarnúť, ako to žiadajú združenia ochrancov prírody.

Drevená klimatizácia

Stromy neznášajú extrémne výkyvy teploty a vlhkosti. Regionálna klíma však nerobí výnimky ani v prípade veľkých rastlín. Majú stromy možnosť voľajako ju ovplyvniť? Kľúčový zážitok na túto tému mi poskytol lesík v blízkosti Bambergu, rastúci na suchej piesčitej pôde chudobnej na živiny. Lesníci odjakživa tvrdili, že tu sa darí len boroviciam. S cieľom vyhnúť sa fádnej monokultúre dosadili k nim buky. Ich lístie malo pôdnym živočíchom trochu osladiť kyslé borovicové ihličie. S produkciou dreva u týchto listnatých stromov nerátali, mali to byť takzvané podporné stromy. Ale bukom ani nenapadlo, aby sa uspokojili s podriadenou funkciou. Po niekoľkých desaťročiach ukázali, čo je v nich. Z opadaného lístia každý rok vyrábali jemný humus, v ktorom sa hromadilo veľa vody. Vzduch v lesíku postupne vlhol, lebo listy vysokých stromov brzdili rýchlosť vetra medzi borovicovými kmeňmi a starali sa o bezvetrie. Tak sa vyparovalo menej vody. Preto sa bukom darilo stále lepšie, až jedného dňa prerástli boroviciam cez hlavu. Lesná pôda a mikroklíma sa medzičasom natoľko zmenili, že listnaté stromy mali lepšie podmienky ako nenáročné ihličnany. To je pekný príklad, čo všetko môžu stromy zmeniť. Lesníci hovoria, že les si sám vytvorí ideálne stanovište. Čo sa týka bezvetria, je to jasné, ale ako je to s hospodárením s vodou? Je pochopiteľné, že lesná pôda je v lete dobre tienená a chránená, lebo ju nevysušuje horúce prúdenie vzduchu. Študenti Aachenskej univerzity zistili v mojom revíri, aké veľké rozdiely teploty sú v presvetlenom ihličnatom lese a v prirodzenom bukovom lese. V extrémne horúci augustový deň, keď sa ortuť teplomera vyšplhala na 37 stupňov, bola zem v listnatom lese až o 10 stupňov chladnejšia ako v ihličnatom lese vzdialenom len niekoľko kilometrov. Chladenie, pri ktorom sa odparí menej vody, zabezpečuje okrem tieňa celkom určite biomasa. Čím viac živého a mŕtveho dreva sa v lese nachádza, čím hrubšia je vrstva humusu v pôde, tým viac vody sa nakopí v biomase. Odparovanie produkuje chlad a ten zas spôsobí, že voda sa menej odparuje. Mohlo by sa tiež povedať, že intaktný les sa v lete potí a tak dosahuje rovnaký účinok ako potenie u ľudí. Apropo, potenie stromov môžete nepriamo pozorovať, a to na domoch. Často pri nich nájdeme úhľadne zasadené vyslúžené vianočné stromčeky s balom hliny vo výbornej kondícii, ktoré ľudia nechceli vyhodiť. Rastú a rastú, až jedného dňa dosiahnu takú výšku, akú ich majitelia neočakávali. Vo väčšine prípadov rastú príliš blízko domu a konármi často prevýšia strechu. A vtedy sa začnú objavovať akési potné fľaky. Čo je pre nás pod pazuchou dosť nepríjemné, nemá v prípade domov iba optické dôsledky. Pri potení stromov vzniká také vlhko, že na fasádach a škridlách sa usídľujú riasy a mach. Dažďová voda horšie odteká, lebo ju brzdí porast, a uvoľnené machové vankúšiky zapchávajú odkvapové žľaby. Omietka sa počas rokov pod vplyvom vlhka rozmrví a treba ju predčasne obnoviť. Majitelia áut odstavených pod stromami však majú z ich vyvažujúceho vplyvu osoh. Pri teplotách okolo bodu mrazu musia majitelia osobných áut odstavených pod holým nebom zoškrabovať ľad z okien, kým vozidlá zaparkované pod korunami stromov zostávajú zväčša bez ľadu. Ak neberiem do úvahy, že stromy môžu negatívne zmeniť vonkajší vzhľad stavieb, zdá sa mi fascinujúce, do akej miery dokážu smreky a iné druhy stromov meniť svoje okolie z mikroklimatickej stránky. Viete si predstaviť, ako veľmi ho ovplyvňuje nedotknutý les?

Kto sa veľa potí, musí veľa piť. A pijanstvo stromov sa dá naozaj pozorovať, ale iba pri prudkom lejaku. Ten však zväčša prichádza v kombinácii s búrkou a v týchto poveternostných podmienkach by som prechádzku po lese neodporúčal. Ale ak ste často vonku (ako ja služobne), môžete zažiť fascinujúce divadlo. Riadne pitky poriadajú najmä buky. Ich konáre sa načahujú šikmo nahor ako konáre mnohých iných listnatých stromov. Lenže rovnako dobre môžeme povedať šikmo nadol. Lebo koruna mu neslúži len na to, aby vystavoval lístie slnečnému svetlu, ale aj na zachytávanie vody. Dážď padne na tisíce listov, z nich stečie voda na konáre. Odtiaľ steká po vetvičkách, kde sa drobné potôčiky spoja do rieky a valia sa dolu kmeňom. Na spodnom konci voda tečie tak silno, že pri dotyku s pôdou hlasno šumí. Za prudkej búrky môže dospelý strom nasať vyše tisíc litrov vody a vďaka svojmu tvaru ju cieľavedome odvedie ku koreňom. Tam vodu uloží do okolitej pôdy a vypomôže si ňou pri najbližšom období sucha.

Smreky a jedle to nedokážu. Kým jedle sa rady prezieravo zamiešajú medzi buky, smreky často trpia smädom medzi svojimi súkmeňovcami. Ich koruny pripomínajú dáždnik, čo je praktické pre pocestných. Stojac tesne pri kmeni počas lejaku nezmoknú, a to isté platí o koreňoch stromu. Zrážky s výdatnosťou desať litrov na štvorcový meter (a to je už riadny lejak!) sa dokonale zachytia na ihličí a na vetvách. No len čo sa oblaky rozplynú, voda sa vyparí a les príde o vzácnu tekutinu. Prečo to smreky robia? Jednoducho sa nenaučili vyzbrojiť proti nedostatku vody. Najlepšie sa cítia v studených pásmach, kde sa spodná voda pre nízke teploty takmer neodparuje, napríklad v Alpách tesne pod hranicou lesa, kde sa aj hojnejšie zrážky starajú o to, aby nenastal problém s nedostatkom vody. Problém by mohol nastať pri silnom snežení, preto sú smrekové vetvy vodorovné alebo zľahka sklonené k zemi, aby pri veľkej záťaži mohli priľnúť ku kmeňu. Takto však po nich nesteká voda, a keď smreky rastú v nižších suchých polohách, nemajú z tejto zimnej výbavy nijaký osoh. Väčšinu dnešných ihličnatých lesov v strednej Európe vysadil človek na miestach, kde sa mu to videlo zmysluplné. Stromy tam trpia ustavičným smädom, lebo ich prirodzený dáždnik zadržiava tretinu zrážok a vracia ich do vzduchu. V listnatých lesoch predstavuje táto hodnota iba 15 percent, preto sa im dostáva o 15 percent viac vody ako ihličnatým kolegom.

Vodné čerpadlo les

Ako sa vlastne voda dostáva do lesa – alebo presnejšie – na zem? Aká ľahká je táto otázka na prvý pohľad, taká ťažká je odpoveď. Jedna z najzásadnejších vlastností pevniny totiž je, že leží vyššie ako more. Voda v dôsledku zemskej príťažlivosti vždy steká k najnižšie položenému bodu, a keby príroda nemala riešenie, ani by sme sa nenazdali a svetadiely by vyschli. Bráni tomu len ustavičný prísun novej vody, pochádzajúcej z oblakov, ktoré sa tvoria nad morom a vietor ich unáša ďalej. Tento mechanizmus však funguje len do vzdialenosti niekoľko sto kilometrov od pobrežia. Čím hlbšie zájdeme na pevninu, tým je suchšie, lebo oblaky sa vypršali a zmizli. Už šesťsto kilometrov od pobrežia je také sucho, že vznikajú prvé púšte. Za týchto okolností by život mohol existovať len na úzkom páse pri vonkajšom okraji kontinentov, vnútrajšok by bol pustý a vyschnutý. Za týchto okolností. Našťastie však jestvujú lesy. Sú vegetačným útvarom s najväčším povrchom lístia. Na štvorcový meter lesa sa v korunách rozkladá 27 štvorcových metrov lístia a ihličia.[30] V nich sa zachytí a okamžite znovu vyparí do ovzdušia časť zrážok. V lete spotrebujú stromy na štvorcový kilometer až 2 500 kubických metrov vody navyše, pri dýchaní ju vypúšťajú do vzduchu. Z tejto vodnej pary sa opäť vytvoria oblaky, ktoré odtiahnu do vnútrozemia a tam sa vypršia. Tak to pokračuje dokola a aj najodľahlejšie oblasti sa zásobia vlhkosťou. Toto vodné čerpadlo funguje tak dobre, že množstvo zrážok napríklad v rozsiahlych oblastiach Amazónie sa neveľmi líši od zrážok na pobreží alebo hlboko vo vnútrozemí. Jedinou podmienkou je, že od mora až po najvzdialenejší kút musí byť poruke les. Ak chýba prvá tehlička, teda les na pobreží, systém sa zrúti. Uznanie za objav týchto neuveriteľne dôležitých súvislostí patrí vedcom v tíme Anastázie Makarjevovej z ruského Petrohradu.[31] Vedecký kolektív skúmal rozličné lesy na rôznych miestach vo svete a opakovane dospel k rovnakým záverom. Či v dažďovom pralese alebo v sibírskej tajge, životne dôležitú vlhkosť vždy prenášali do vnútrozemia stromy. Výskumníci zistili, že ak vyklčujeme pobrežné lesy, mechanizmus prestane fungovať. Je to podobné, ako keď niekto vytiahne nasávacie kolektory z vodného elektrického čerpadla. V Brazílii už pozorujeme viditeľné následky. Amazonský dažďový prales trpí čoraz väčšími suchami. Stredná Európa leží vo vnútri 600-kilometrového pásu, teda v nasávacej oblasti čerpadla. Našťastie tu ešte máme lesy, aj keď ich značne ubudlo.

Ihličnaté lesy severnej pologule majú aj inú možnosť, ako ovplyvniť klímu a hydrologickú bilanciu. Vylučujú terpény, látky, ktoré pôvodne slúžili na obranu proti chorobám a parazitom. Keď sa ich molekuly dostanú do vzduchu, vyzráža sa na nich vlhkosť. Preto tu vzniknú dvojnásobne väčšie oblaky ako nad nezalesnenými územiami. Stúpa pravdepodobnosť dažďa, les navyše odráža asi päť percent slnečného svetla. Miestna klíma sa ochladí. Chlad a vlhkosť ihličnany obľubujú. Tieto ekosystémy vplyvom vzájomného pôsobenia pravdepodobne hrajú výraznú brzdiacu úlohu klimatických zmien.[32]

Pre naše domáce ekosystémy sú pravidelné zrážky nesmierne dôležité, lebo voda a les patria nerozlučne k sebe. Či potoky, močiare alebo samotný les, všetky ekosystémy sú odkázané na to, aby svojim obyvateľom vytvorili pokiaľ možno konštantné podmienky. Typickým prípadom živočícha, ktorý neznáša veľké zmeny, je drobný vodný slimáčik – pramienka rakúska. V závislosti od druhu meria často menej ako dva milimetre a obľubuje studenú vodu – nemala by mať teplotu nad 8 stupňov Celzia. U niektorých pramienok to súvisí s minulosťou. Ich predkovia žili vo vode z roztopených ľadovcov, o ktoré v poslednej dobe ľadovej v rozsiahlych častiach Európy nebola núdza. Podobné podmienky poskytujú čisté lesné pramene. Z nich tiež vyteká permanentne studená voda, keďže pramene nie sú nič iné ako vyvierajúca podzemná voda. V hlbokých pôdnych vrstvách je izolovaná od vonkajších teplôt, a preto je v zime i v lete rovnako chladná. Dnes, keď už niet ľadovcov, je to pre pramienky ideálne náhradné životné prostredie. Lenže aby to tak naozaj bolo, voda musí vyvierať celý rok. A tu sa dostáva k slovu les. Jeho pôda funguje ako veľký zásobník a usilovne hromadí všetky zrážky. Stromy zabezpečujú, aby dažďové kvapky nepadali na zem veľmi prudko, ale jemne stekali z konárov. Kyprá zem prijíma všetku vodu, ktorá nevytvára potôčiky a okamžite neodteká, ale na čas zostáva v pôde. Keď sa nádrž stromov naplní, nadbytočná tekutina pomaličky, dlhé roky presakuje do hlbších vrstiev. Zavše trvá celé desaťročia, kým vlhkosť znova vyjde na povrch. Výkyvy medzi suchými obdobiami a obdobiami so silnými zrážkami na tento čas pominú a zostáva rovnomerne vyvierajúci prameň. Hoci nie vždy je vyvierajúci prameň vhodné označenie. Často vyzerá len ako bahnisto-kašovitý fľak na lesnej pôde, tiahnuci sa ako tmavý pruh k najbližšiemu potôčiku. Pri bližšom pohľade (k nemu si musíte čupnúť) rozoznáte maličké potôčiky tvoriace prameň. Teplomer prezradí, či ide o povrchovú vodu po prudkej prietrži mračien, alebo o podzemnú vodu. Má teplotu pod 9 stupňov Celzia? Tak je to pravý prameň! Lenže kto stále nosí so sebou meracie prístroje? Alternatívou je prechádzka za krutého mrazu. Mláky a dažďová voda sú teraz zamrznuté, ale pramenistá voda veselo zurčí ďalej. Tu teda majú domov pramienky rakúske, ktoré si vychutnávajú svoju obľúbenú teplotu po celý rok. A nemá v tom prsty len lesná pôda. V lete by sa takýto miniatúrny biotop mohol rýchlo zohriať a slimáčiky by sa prehriali. Lenže listová klenba stromov poskytuje tieň a zabraňuje vniknutiu nadmiery slnečných lúčov.

Les poskytuje podobný servis aj potokom, ktorý je v ich prípade ešte dôležitejší. Voda je totiž v porovnaní s prameňom, kde je stály prísun studenej vody, vystavená väčším teplotným výkyvom. A predsa napríklad pre larvy salamandry, ktoré sa tu podobne ako žubrienky pripravujú na život mimo potoka, platí to isté čo pre pramienky rakúske. Voda musí zostať chladná, ináč z nej uniká kyslík. Ale keď zamrzne, uhynie aj salamandrie potomstvo. Ešte dobre, že stromy ľavou zadnou vyriešia aj tento problém. V zime, keď slnko veľmi nezohrieva, prepúšťajú opŕchnuté vetvy veľa tepla. Aj pohyb vody nerovnými cestičkami bráni jej rýchlemu zamrznutiu. Keď sa v neskorú jar v dôsledku vyššieho postavenia Slnka na oblohe citeľne otepli, listnaté stromy vyženú listy a tak obrazne stiahnu rolety a zatienia tečúcu vodu. Až na jeseň, keď teploty opäť poklesnú, sa nad potokom znova ukáže nebo, lebo stromy zhodia lístie. Potoky pod ihličnatými stromami to majú o kus ťažšie. V zime je tam ukrutná zima, niekedy zamrzne všetka voda, a keďže aj na jar sa otepľieva pomaličky, takéto životné prostredie pre mnohé živočíchy neprichádza do úvahy. Tmavé údolia preťaté potokom sa však v prírode vyskytujú zriedka, lebo smreky neznášajú mokré nohy, preto si držia odstup. Tento konflikt medzi ihličnatým lesom a obyvateľmi potoka sa zväčša vyskytuje v umelo vysadených lesoch.

Význam stromov pre potoky neklesá ani po ich smrti. Ak sa napríklad uhynutý buk zvalí naprieč korytom potoka, zostáva tak ležať celé desaťročia. Funguje ako malá hrádza a vytvára miniatúrne plochy stojatej vody, v ktorých žijú druhy, čo neznášajú silné prúdenie. Napríklad nenápadné larvy salamandry. Vyzerajú ako maličké mloky, ibaže majú chumáče žiaber, decentné tmavé bodky a žltý fľak na nohe. V chladnej lesnej vode číhajú na drobné ráčiky, ktoré s pôžitkom konzumujú. Miniatúrne zvieratká potrebujú prvotriednu kvalitu vody a práve tú zabezpečia uhynuté stromy. V neveľkých nahromadených močarinách sa usadzuje bahno a nánosy a vzhľadom na spomalenú rýchlosť prietoku vody zostáva baktériám viac času na rozklad škodlivín. Mimochodom, netreba si robiť starosti, keď sa tam po silných zrážkach tvorí pena. To, čo vyzerá ako prehrešok voči životnému prostrediu, je v skutočnosti produkt humínových kyselín, do ktorých sa v nepatrných vodopádoch našľahá vzduch. Tieto kyseliny vznikajú pri rozklade lístia a odumretého dreva a sú pre ekosystém mimoriadne dôležité.

Pri tvorbe neveľkých močarísk je les v posledných rokoch čoraz menej odkázaný na vyvrátené staré kmene. Stále častejšie dostáva pomoc od navrátilca z ríše vymretých živočíchov – od bobra. Pochybujeme, že stromy to skutočne teší, lebo tento hlodavec vážiaci až 30 kilogramov je zvierací drevorubač. Za jedinú noc vyvalí strom hrubý osem až desať centimetrov, väčšie kusy porazí vo viacerých pracovných zmenách. Bobor potrebuje na obživu konáre. Na zimu si ukladá do svojich hradov bohaté zásoby, ktoré v priebehu rokov narastú do šírky niekoľkých metrov. Slúžia na to, aby skryli vchody do brloha. Pre ešte lepšie zabezpečenie ležia tieto chodbičky pod vodou, aby do nich nemohli vniknúť dravci. Nad zemou leží len obytný trakt, ten je suchý. Keďže výška hladiny vody kolíše podľa ročného obdobia, zvieratá stavajú hrádze a prehradzujú potoky do väčších jazier. Tieto zachytávajú vodu odtekajúcu z lesa a v oblasti hrádze sa tvoria rozsiahle mokrade. Jelše a vŕby majú z toho radosť, ale buky mokré nohy neznášajú a hynú. Lenže ani tie druhy stromov, ktoré z toho profitujú, sa v spádovej oblasti bobrov nedožijú staroby, lebo predstavujú živé potravinové zásoby.

Bobry teda poškodzujú les vo svojom okolí, ale reguláciou vodného režimu ho v konečnom dôsledku ovplyvňujú pozitívne. Okrem toho vytvárajú životné prostredie pre druhy odkázané na väčšie stojace vody.

Ku koncu kapitoly sa vráťme k pôvodcovi vody v lese – k dažďu. Pri potulke dokáže vytvoriť nádhernú atmosféru, ale ak nemáte vhodné oblečenie, nepríjemne vás zaskočí. Staré listnaté lesy vám núkajú špeciálny servis – krátkodobú predpoveď počasia prostredníctvom piniek obyčajných. Tieto hrdzavočervené vtáčiky so sivou hlavou zvyčajne spievajú strofu, ktorej rytmus ornitológovia zapisujú ako kovové „cuíi“, tvrdé „čak“ a monotónne „cví“ prerušované slabým „čips“. To však začujeme len pri peknom počasí. Keď sa schyľuje k dažďu, pinka ho ohlasuje hlasným „réč“.

Moje alebo tvoje?

Ekosystém lesa je príjemne vyvážený. Každý tvor má svoj kútik a svoju funkciu, ktorá prispieva k blahu všetkých. Takto nejako znejú opisy prírody, ale žiaľ, nie je to pravda. Vonku pod stromami totiž panuje zákon silnejšieho. Prežiť chce každý druh a uzurpuje si od druhých to, čo potrebuje. Pritom v podstate nikto neberie na nikoho ohľad a veľký kolaps nenastane len preto, lebo na prechmaty existujú ochranné mechanizmy. Poslednou brzdou je vlastná genetika. Kto je príliš nenásytný, priveľa si berie a nič nedáva, ten sa okráda o vlastné existenčné zabezpečenie a hynie. Preto väčšina druhov má vrodené správanie, ktoré chráni les pred poškodzovaním. S jedným vzorovým príkladom sme sa už zoznámili. Je to sojka obyčajná, ktorá sa síce živí žaluďmi a bukvicami, ale väčšinu semien zahrabáva. Tak prispieva k tomu, že stromy sa s jej pomocou rozmnožujú lepšie ako bez nej.

Keď kráčate vysokým, tmavým lesom, akoby ste vkročili do supermarketu. Je plný všakovakých dobrôt, aspoň z pohľadu zvierat, húb a baktérií. Jediný strom obsahuje milióny kalórií vo forme cukru, celulózy, lignínu a iných glycidov. K tomu vodu a zriedkavé minerály. Povedal som supermarket? Lepšie to vystihuje slovo „trezor", lebo les má ďaleko od samoobsluhy. Dvere sú pod zámkou, kôra tesne prilieha, „človek" si musí starostlivo zvážiť, ako sa dostane k sladkým pokladom. Iba ak by bol ďateľ. Pomocou špeciálneho závesného systému zobáka a tlmiacich svalov hlavy búši do stromu, a hlava ho nerozbolí. Na jar, keď do stromov prúdi voda s chutnými rezervnými látkami a stúpa k pukom, vtáky vyďobávajú diery do tenších kmeňov a konárov. Ranky vytvoria bodkovanú čiaru a strom začne krvácať. Krv stromu nevyzerá nijako dramaticky, podobá sa vode. Napriek tomu je strata tejto telesnej tekutiny u stromov rovnako neželateľná ako u ľudí. A práve na ňu majú ďatle zálusk a začnú ju olizovať. Strom to ako-tak zvládne, pokiaľ sa ďateľ nespráva nenásytne a neuštedrí stromu priveľa rán. Tie sa časom zahoja a pripomínajú umelecký výtvor.

Vošky sú oveľa lenivejšie ako ďatle. Namiesto usilovného lietania a vysekávania dier visia sosákmi na cievach lístia a ihličia. A tu sa ožierajú tak, ako iné zvieratá nedokážu. Krv stromov ich organizmom len tak preletí a hmyz ju vylúči v podobe veľkých kvapiek. Vošky musia veľa piť, lebo šťava obsahuje veľmi málo bielkovín, teda živín nevyhnutných pre rast a reprodukciu. Živočíchy vyfiltrujú z tekutiny práve túto nedostatkovú látku a väčšinu glycidov, najmä cukor, vylúčia. Niet divu, že zo stromov osídlených voškami padá lepkavý dážď. Možno ste to už zažili, keď ste odstavili auto pod napadnutým javorom a mali ste úplne špinavé okná. Každý druh stromu má svoje vlastné, špecializované parazity. Či sú to jedle (kôrovnica kaukazská), smreky (rúrkovček smrekovcový), duby (phylloxera coccinea) alebo buky (stromovnica buková), všetky cicajú a následne vylučujú. Keďže životný priestor listov je už obsadený, viaceré druhy usilovne prevŕtavajú hrubú kôru v snahe dostať sa k rúrkam pod ňou, ktorými prúdi šťava. Takéto kôrové vošky, napríklad červec bukový, nanesú na kmene striebristo-bielu voskovú vlnu. Pre strom je to rovnaké ako pre nás svrab. Začnú sa mu tvoriť mokvavé ranky, ktoré sa veľmi ťažko hoja a spôsobujú drsnú kôru plnú chrást. Niekedy nimi vniknú huby a baktérie a oslabia strom natoľko, že uhynie. Niet divu, že sa proti narušiteľom snaží brániť produkciou obranných látok. Ak navzdory tomu napadnutie pretrváva, pomôže vytvorenie hrubšej borky, z ktorej vošky napokon odpadnú. Potom je strom minimálne niekoľko rokov chránený pred ďalším napadnutím. Možná infekcia nie je jediný problém. Vošky svojím apetítom odoberajú stromu množstvo živín. Malí nenásytníci dokážu na štvorcovom kilometri lesa odčerpať niekoľko stoviek ton čistého cukru, ktorý stromom potom chýba k rastu alebo do rezervy na ďalší rok.

Pre mnohé zvieratá sú však vošky požehnaním. Najskôr z nich má úžitok iný hmyz, napríklad lienky, ktoré s pôžitkom hltajú jednu vošku za druhou. Lesné mravce zas obľubujú cukrovú šťavu a lížu im ju rovno zo zadočku. Na urýchlenie celého procesu im ho dráždia tykadlami a na tento podnet sa voška vymočí. A aby na nápad požierať vzácne kolónie vošiek neprišli aj iní predátori, mravce tento hmyz chránia. V korunách stromov prevádzkujú skutočný drobnochov. A čo nestihnú zužitkovať mravce, nezostane ležať ladom. Sladký film, tiahnuci sa vegetáciou v okolí napadnutého stromu, rýchlo osídlia huby a baktérie. Pritom sa sfarbí načierno od plesne.

Apropo, aj naše včely využívajú fekálie vošiek. Nasajú sladké kvapky, prenesú ich k úľu, kde ich vyvrátia a spracujú na tmavý lesný med. U kupujúcich je veľmi žiadaný, hoci s kvetmi nemá nič spoločné.

Komáre pisklavé a lunčíky postupujú podstatne rafinovanejšie. Namiesto aby listy prepichovali, preprogramujú ich. Dospelé zvieratá nakladú vajíčka na listy bukov a dubov. Liahnuce sa larvy ich začnú žrať a pôsobením chemických zlúčenín v slinách vyrastie na liste ochranný obal. Nezáleží na tom, či je cípovitý (buk) alebo okrúhly (dub), vo vnútri je hmyzie potomstvo chránené pred predátormi a môže v pokoji prežúvať. Na jeseň tieto útvary aj s obyvateľmi opadnú, tie sa zakuklia a do jari sa vyliahnu. Najmä na bukoch môže dochádzať k masovému napadnutiu, ktoré však stromom natoľko neškodí.

Zato húsenice motýľov nemajú zálusk iba na cukrovú šťavu, ale na celé listy a ihličie. Osamelé jedince stromom neprekážajú, ale v pravidelných cykloch dochádza k masovému premnoženiu. To som zažil pred pár rokmi v dubovom lesnom poraste v mojom revíri. V júni mi padli do oka stromy pokrývajúce strmý južný svah kopca. S údesom som zistil, že čerstvé lístie na veľkých plochách zmizlo, les bol opŕchnutý ako v zime. Keď som vystúpil z džípu, začul som hlasný šum ako pri silnej búrke. Lenže na vine nemohlo byť počasie – bola jasná modrá obloha. Nie, bol to trus miliónov húseníc obaľovača dubového. V podobe tisícok čiernych guľôčok mi bubnoval na hlavu a na plecia – fuj! Podobné javy možno každý rok pozorovať v rozsiahlych borovicových lesoch východného a severného Nemecka. Masové rozmnoženie rôznych druhov motýľov, ako je mníška obyčajná alebo piadivka tmavoškvrnná, zvyšuje jednotvárnosť hospodárskych lesov. Neskoršie sa zväčša vynoria vírusové ochorenia, ktoré spôsobia opätovný kolaps populácie.

Hostina húseníc končí v júni holými konármi a stromy zmobilizujú posledné rezervy, aby ešte raz vypučali. To sa spravidla podarí a o niekoľko týždňov nie je pažravý útok takmer vidieť. Rast stromov sa však spomalí, čo sa neskôr dá vyčítať z mimoriadne tenkého letokruhu. Ak sú stromy napadnuté dva či tri roky po sebe a stratia všetko lístie, mnohé od vysilenia uhynú. Okrem húseníc zanechávajú stopu na boroviciach aj hrebenárky. Za svoje meno vďačia vejárovitým tykadlám samčekov, avšak pre stromy je rozhodujúci apetít lariev. Denne im zmizne v papuľke až dvanásť kusov ihličia, čo pre borovice čoskoro začne byť nebezpečné.

Ako stromy pomocou vonných látok privolávajú lumky veľké a iné dravce, aby sa zbavili pliagy, som opísal v kapitole „Reč stromov". Jestvuje však aj iná stratégia, ako ukazuje čerešňa vtáčia. Na listoch má nektárové žľazy, z ktorých vychádza rovnako sladká šťava ako z kvetov. V jej prípade je určená mravcom, ktoré tu trávia väčšinu leta. A podobne ako my ľudia, aj tento hmyz si nepochutná len na sladkostiach, ale zavše aj na niečom výdatnom. Doprajú si to v podobe húseníc, čím oslobodzujú čerešne od nevítaných hostí. Lenže vždy to nefunguje tak, ako si strom želá. Mravce síce motýlie potomstvo požerú, no zjavne im vždy nestačí požité množstvo sladkej šťavy, a preto si začnú chovať vošky. Tie prepichujú listy a po kvapkách odovzdávajú mravcom cukrovú šťavu, keď ich cez otvory dráždia tykadlami.

Obávané lykožrúty frčia zásadne na plný plyn. Vyhľadávajú oslabené stromy a pokúšajú sa ich osídliť. Uplatňujú pritom princíp „všetko alebo nič". Buď sa útok jediného chrobáka podarí a ten potom svojimi vonnými látkami privolá stovky súkmeňovcov, ktorí kmeň usmrtia. Alebo prvého chrobáka, čo sa zavŕta do kmeňa, strom zabije, a tým odpadá hostina aj pre ostatných. Objektom túžby je kambium, priezračná vosková vrstva medzi kôrou a drevom. Tu kmeň rastie, dovnútra sa tvorí drevo a navonok kôrové bunky. Kambium je šťavnaté, plné cukru a minerálnych látok. Dokonca aj človeku poslúži ako núdzová potrava, môžete to na jar vyskúšať na vlastnej koži. Keď nájdete smrek, čerstvo vyvrátený vetrom, vreckovým nožíkom z neho stiahnite kôru. Jemným prechádzaním čepeľou po kmeni nalúpte dlhé prúžky široké jeden centimeter. Kambium chutí ako mrkva s príchuťou živice a je veľmi výživné. To vedia aj lykožrúty, preto vŕtajú do kôry chodbičky, aby v blízkosti tohto žriedla sily nakládli vajíčka. Larvy chránené pred nepriateľom si tu môžu dosýta naplniť bruchá. Zdravé smreky sa bránia terpénami a fenolmi, ktoré môžu chrobáky aj usmrtiť. Ak sa to nepodarí, chrobáky sa polepia kvapkami živice. Bádatelia vo Švédsku zistili, že hmyz sa proti týmto nástrahám vyzbrojil. Na tele živočíchov sa nachádza viacero húb, ktoré sa spolu s nimi dostávajú pod kôru. Tam oslabujú účinok chemických obranných zbraní smrekov a menia ich na neškodné látky. Keďže huby rastú rýchlejšie, než sa chrobáky stihnú zavŕtať, získajú pred nimi určitý náskok. Lykožrúty prichádzajú na detoxikovaný terén a môžu sa bezpečne hostiť.[33] Nič nestojí v ceste ich masovému množeniu. Tisíce vyliahnutých mladých chrobákov môžu napokon napadnúť aj zdravé stromy. Takýto hromadný útok nejeden smrek nevydrží.

Drsnejšie idú na vec veľké bylinožravce. Denne spotrebujú viac kilogramov potravy, tá je však v hlbokom lese vzácnosťou. Pre nedostatok svetla sa na zemi zelená máločo a šťavnaté listy vysoko v korunách sú mimo dosahu. Preto je v tomto ekosystéme tak málo srniek a jeleňov. Na lepšie časy im svitá až vtedy, keď spadne starý strom. Niekoľko rokov preniká na zem svetlo a okrem mladých stromčekov rastú aj byliny a trávy. Na zelený ostrov sa vrhnú zvieratá a porast okamžite skrátia. So svetlom prichádza cukor a ten dorastajúcim stromčekom dodá príťažlivosť. Ich drobné, biedne púčiky neobsahujú za normálnych okolností – v šere pod materskými stromami – takmer nijaké živiny. Nepatrnú dávku živín, ktorú potrebujú na prežitie v čakacom móde, im dodajú rodičia koreňmi. Pri nedostatku cukru sú púčiky horké a tvrdé, srnka o ne ani nezakopne. Keď však na útle stromčeky zasvieti slnko, doslova rozkvitnú. Naštartuje sa fotosyntéza, listy sa nalejú silou a šťavou, a puky, ktoré sa tvoria vždy v lete na nasledujúci rok, sú veľké a bohaté na živiny. Musí to tak byť, veď dorast musí pridať plyn, rýchlo vyrásť do výšky, kým sa opäť nezavrie kohútik so svetlom. Tento rozpuk priláka pozornosť srniek, ktoré si nedajú ujsť hostinu. Tak vypuknú viacročné preteky medzi mladými stromčekmi a zvieratami. Podarí sa mladým bukom, dubom či jedliam rásť tak rýchlo, že zvieracie tlamy nedočiahnu na dôležitý hlavný výhonok? Väčšinou však nezahynú všetky stromčeky jednej skupinky, vždy zostane niekoľko nepoškodených jedincov, ktoré môžu rásť ďalej. Tie, čo prišli o špičku hlavného výhonka, rastú ohnuté a krivé. Nepoškodené výhonky ich rýchlo prerastú a ony napokon uhynú na nedostatok svetla a rozpadnú sa na humus.

Jedným z rozmerovo väčších lupičov je podpňovka obyčajná, ktorej nevinne vyzerajúce telá sa na jeseň často objavujú na pňoch. Lenže ani jeden zo siedmich domácich druhov tejto huby, ktoré od seba ťažko odlíšiť, nie je naklonený stromom, práve naopak. Huby svojím mycéliom, podzemnými bielymi výbežkami, vnikajú do koreňov smrekov, bukov, dubov a iných druhov stromov. Následne sa im pod kôrou vyšplhajú hore a vytvárajú vejárovité biele útvary. Svoj lup, spočiatku najmä cukor a živiny z kambia (vnútornej vrstvy kôry) odvádzajú hrubými povrazcami preč. Tieto koreňovité čierne rúrky sú v ríši húb zvláštnosťou. Podpňovky sa však neuspokoja so sladkými substanciami a v ďalšom vývoji začnú požierať aj drevo, čím zapríčinia hnitie hostiteľského stromu, ktorý napokon uhynie.

Hniliak smrekový z čeľade vresovcovitých postupuje oveľa jemnocitnejšie. Nemá nijaké zelené časti a vypučí len preto, aby vytvoril nenápadný svetlohnedý kvet. Rastlina, ktorá nie je zelená, neobsahuje chlorofyl (listovú zeleň), a preto v nej neprebieha fotosyntéza. Hniliak smrekový je teda odkázaný na cudziu pomoc. Votrie sa medzi mykorízne huby – pomocníkov koreňov stromov –, a keďže nepotrebuje svetlo, prežije aj v najtmavších smrekových porastoch. Tam sa napojí na toky živín, prúdiace medzi hubami a stromami, a uchmatne si svoju porciu. Podobne, ibaže trochu pokrytecky to robí čermeľ lesný. Aj on obľubuje smreky a nabúra sa do koreňového systému húb, aby sa bez opýtania mohol priživovať. Jeho nadzemné časti sú vždy zelené, ako je typické pre rastliny, a neveľa svetla a oxidu uhličitého dokáže premeniť na cukor. Je to však len alibi.

Ale stromy ponúkajú podstatne viac než výživu. Zvieratá využívajú mladé stromčeky ako mechanický nástroj na škrabanie. Srnce a jelene musia svoje dorastajúce parožie každoročne zbavovať kože, takzvanej lykovej vrstvy. Na to si nájdu stromček, dostatočne hrubý, aby sa ľahko nezlomil, a zároveň bol dostatočne ohybný. Tu sa páni tvorstva celé dni bláznia, kým si neoškrabú aj posledný svrbiaci uvoľnený franforec kože. S ním sa neraz ošúcha aj kôra a stromček odumrie. Srnce a jelene pri výbere stromu zvyčajne stavia na vzácny druh. Smrek, buk alebo dub, vždy si vyberú miestnu raritu. Ktovie – možno má vôňa ošúchanej kôry účinok exotického parfumu. Ani u ľudí to nie je inak – najviac túžime po tom, čoho je málo.

Pri priemere kmeňa 10 centimetrov sa však hra končí. Väčšina stromov má už takú hrubú kôru, že odolá nadšeným parohácom. Stromy sú navyše také pevné, že nepérujú a nevojdú medzi špičky parožia. Jelene majú teraz inú túžbu. Za normálnych okolností by nežili v lese, lebo ako potrava im slúži najmä tráva. A keďže tráva je v prirodzenom lese úplná rarita, prípadne sa nevyskytuje v množstvách, aké potrebuje celé stádo, majestátne zvieratá sa radšej zdržiavajú v stepi. Lenže v údoliach riek, kde pri povodniach opakovane vznikajú otvorené trávnaté plochy, žijeme už my ľudia. Každý štvorcový meter využívame na výstavbu miest alebo na poľnohospodárstvo. Preto sa jelene stiahli do lesov, ktoré opúšťajú nanajvýš v noci. Lenže ako typické bylinožravce potrebujú 24 hodín denne potravu bohatú na vlákniny. A keď nemajú nič iné, v núdzi sa vrhajú na kôru. V lete je strom nasiaknutý vodou a jeho pokožka sa dá ľahko stiahnuť. Zvieratá sa do nej zahryznú rezákmi (majú ich len v dolnej čeľusti) a zdola nahor odlupujú pásy kôry. V zime stromy spia a kôru majú suchú. Vtedy sa zvieratám darí vyhrýzať len malé kúsky. Tak či onak, pre stromy je toto počínanie nielen veľmi bolestivé, ale aj životu nebezpečné. Cez obrovské otvorené rany vnikajú huby a mihom rozkladajú veľké plochy dreva. Rýchle zaceľovanie rán je nemožné. Ak strom vyrástol v podmienkach pralesa, teda pekne pomaličky, dokáže sa vyrovnať aj s takýmito rozsiahlymi škodami. Jeho drevo vykazuje malé letokruhy, je tvrdé a hutné, a v takýchto podmienkach to majú vnikajúce huby nesmierne ťažké. Neraz som stretol stromových junákov, ktorí po desaťročiach napokon zvíťazili a rany sa im zacelili. U vysadených stromov našich hospodárskych lesov je však situácia iná. Spravidla vyrástli veľmi rýchlo, vykazujú veľké letokruhy a ich drevo obsahuje veľa vzduchu. Vzduch a vlhko – to sú ideálne podmienky pre huby. A stane sa, čo sa musí stať. Poškodený strom sa už v strednom veku zlomí. Bez trvalých následkov sa mu zacelia iba oveľa menšie rany, ktoré utrpel v zime.

Sociálna bytová výstavba

Zvieratá vo veľkom využívajú stromy dokonca aj vtedy, keď sú na všetky vyššie opísané účely prihrubé. Z velikánov sa stávajú vytúžené byty, túto službu však neponúkajú dobrovoľne. Vtáky, kuny i netopiere obľubujú najmä objemné kmene starých stromov. Objemné preto, lebo hrubé steny výborne chránia pred horúčavou a chladom. Dielo zväčša začne ďateľ veľký alebo tesár čierny. Vyďube do kmeňa dieru, hlbokú len niekoľko centimetrov. V protiklade s rozšíreným názorom, že vtáky si stavajú hniezda len v spráchnivených stromoch, často vyhľadávajú zdravé jedince. Vy by ste sa vari nasťahovali do domu na spadnutie, keby ste mali naporúdzi novostavbu? Aj ďatle chcú, aby hniezdna dutina bola trvanlivá a pevná. A hoci mocne tlčú do zdravého dreva, rýchle dokončenie nového bytu je predsa len nad ich sily. Preto si po prvej etape výstavby doprajú niekoľkomesačnú prestávku a dúfajú, že im prídu na pomoc huby. Pre ne je to vítaná pozvánka, lebo za normálnych okolností cez kôru nepreniknú. V tomto prípade sa však v otvore rýchlo usídlia a začnú drevo rozkladať. Strom to vníma ako dvojitý útok, ďateľ ako deľbu práce. Po čase sa vlákna začnú drobiť a ďalšie stavebné práce idú lepšie od ruky. Jedného dňa sa výstavba skončí a dutina je pripravená na nasťahovanie. Tesárovi čiernemu veľkosti vrany to však stále nestačí a hĺbi viacero dutín odrazu. V jednej vychováva potomstvo, v druhej spí a ďalšie využíva v prípade, keď sa mu tieto dve zunujú. Každý rok si dutiny zrenovuje, čo je poznať podľa pilín pod kmeňom. Renovácia je nevyhnutná preto, lebo vniknuté huby už nemožno zastaviť. Načierajú čoraz hlbšie do kmeňa a menia drevo na vlhkú červotočinu, v ktorej nemožno dobre hniezdiť. Keď ďateľ z dutiny povyhadzuje haraburdie, trochu ju tým zväčší. Až je jedného dňa priveľká a najmä prihlboká pre vtáčie mláďatá, ktoré sa musia štverať k východu, keď prvý raz vylietajú z hniezda. Tak dostanú príležitosť noví nájomníci – také vtáčie druhy, ktoré si drevené domy nevedia stavať samy. Napríklad brhlík, vták pripomínajúci ďatľa, len o niečo menší, tiež ďobe do dreva, aby našiel larvy hmyzu. Rád sa usádza v starých dutinách po ďatľovi veľkom. Najprv musí vyriešiť jeden problém. Cez priveľký vletový otvor môžu vniknúť nepriatelia a ukoristiť mu mláďatá. Aby tomu zabránil, otvor zmenší pomocou ílu, ktorým šikovne zagituje okraje. Apropo nepriatelia. Stromy mimovoľne poskytujú svojim podnájomníkom servis, ktorý súvisí s vlastnosťou dreva. Drevné vlákna sú výborným vodičom zvuku a preto sa z tohto materiálu vyrábajú hudobné nástroje, ako sú husle a gitary. Ako dobre takéto vedenie zvuku funguje, si môžete vyskúšať sami pomocou jednoduchého experimentu. Priložte si ucho k tenšiemu koncu zoťatého dlhého kmeňa a poproste niekoho, aby na hrubšom konci doň klopkal alebo škrabkal kameňom. Je to zreteľne počuť, no len čo odkloníte hlavu, nastane ticho. Tento princíp využívajú vtáky v dutinách stromu ako poplašné zariadenie. Signál však v ich prípade nespustí neškodné klopkanie či škrabkanie, ale pazúry kuny alebo veveričky. Počuť to až v korune a vtáky majú čas uletieť. Ak majú v hniezde mláďatá, môžu sa pokúsiť útočníka odlákať, často sa im to však nepodarí. Nuž zostanú nažive aspoň rodičia a stratu si môžu nahradiť znáškou ďalších vajec.

Netopiere sa tým nezaoberajú, majú úplne iné starosti. Tieto malé cicavce potrebujú na výchovu svojich mláďat viacero dutín súčasne. Samičky netopiera veľkouchého vytvárajú skupinky a o mláďatá sa starajú spoločne. Niekoľko dní strávia v jednom byte a potom sa presťahujú do iného. Na vine sú parazity. Keby strávili celú sezónu v jednej hniezdnej dutine, parazity by sa mohli explozívne premnožiť a trýzniť okrídlených nočných lovcov až do krvi. Sťahovanie v rýchlom slede tomu zabráni a parazity jednoducho stratia hostiteľa.

Sovy sa nepretisnú cez otvory ďatľov, preto musia niekoľko rokov trpezlivo čakať. Za ten čas strom pomaličky hnije, niekedy sa kmeň rozďaví a vletový otvor hniezdnej dutiny sa zväčší. Tento proces často urýchľuje viacero poschodových bytov ďatľa, ležiacich tesne nad sebou. Postupným hnitím pomaly splývajú do jedného a zrazu je byt pre sovu a spol. hotový.

A čo strom? Ten sa zúfalo snaží brániť. Zakročiť proti hubám je už neskoro, veď dlhé roky mali dvere dokorán. Lenže môže si podstatne predĺžiť život, ak sa mu podarí popasovať sa aspoň s vonkajšími zraneniami. V prípade, že sa mu to podarí, znútra síce vyhnije, no zostane pevný ako dutá oceľová rúra a môže žiť ďalších sto rokov. Tieto opravné opatrenia spoznáte podľa hŕč okolo vletového otvoru. V zriedkavých prípadoch sa stromu skutočne pošťastí vchody kompletne uzavrieť. Staviteľ zväčša čerstvé drevo opäť nemilosrdne vydlabe.

Vyhnitý peň sa stane domovom komplexných životných spoločenstiev. Zabývajú sa v ňom napríklad mravce čiernolesklé, ktoré rozhrýzajú hnilé drevo a stavajú si z neho kartónové hniezda. Ich steny napustia medovicou, cukornatými výlučkami vošiek. Na tomto substráte sa darí hubám, ktoré svojím pletivom hniezdo vystužujú. Na červotočinu, hnijúci materiál vo vnútri dutiny, sú odkázané nespočetné druhy chrobákov. Larvy, ktorých štádium vývinu trvá niekoľko rokov, potrebujú dlhodobé stabilné podmienky, teda stromy, ktoré celé desaťročia odumierajú, a teda zostávajú dlho zachované. Preto je dutina atraktívna pre huby a hmyz a tie sa starajú o to, aby do červotočiny neustále padal trus a drevné odrobinky. Aj netopiere, sovy a plchy púšťajú trus do tmavej hlbočiny. Červotočina takto dostáva ustavičný prísun živín, ktorými sa kŕmi napríklad hmyz čeľade kováčikovitých.[34] Alebo larvy pižmovca hnedého, štvorcentimetrového čierneho chrobáka. Pižmovcovi sa lení chodiť a najradšej trávi celý život v tmavej diere vo vyhnitom kmeni. A keďže ledva chodí či lieta, mnohé generácie jednej rodiny žijú dlhé desaťročia v tom istom strome. Teraz je už zrejmé, prečo je také dôležité uchovávať staré stromy. Ak ich odstránime, čierne chrobáčiky sa nemôžu jednoducho presunúť k najbližšiemu stromu vzdialenému viac kilometrov, lebo skrátka nestačia s dychom.

Hoci strom jedného dňa musí zložiť zbrane a víchrica ho zlomí, aj tak spravil pre spoločenstvo veľa užitočného. Ešte sme neprebádali všetky súvislosti, ale už dnes vieme, že obohatenie druhovej rozmanitosti ide ruka v ruke so stabilizáciou ekosystému. O čo viac biologických druhov existuje, o to menej sa môže jeden rozťahovať na úkor druhého, lebo hneď je naporúdzi protivník. Ba aj vyhynutý strom môže svojou púhou prítomnosťou urobiť vzácnu službu pre hydrologickú bilanciu živých stromov, ako sme sa presvedčili v kapitole „Drevená klimatizácia".

Materské lode biodiverzity

Väčšina zvierat odkázaných na stromy im nijako neubližuje. Iba využívajú kmeň alebo korunu ako špeciálny životný priestor, ktorý rozličnými zónami vlhkosti a svetelných pomerov vytvára drobné ekologické niky. Tam nachádzajú domov nespočetné biologické druhy. Nedostatočne prebádané sú najmä horné poschodia lesa, lebo vedci ich môžu skúmať len pomocou drahých žeriavových alebo vežových konštrukcií. V snahe udržať čo najnižšie náklady zavše používajú necitlivé metódy. Napríklad pred niekoľkými rokmi postriekal Dr. Martin Goßner, výskumník zaoberajúci sa stromami, najstarší (vek približne 600 rokov) a najmohutnejší (výška okolo 52 metrov, priemer kmeňa vo výške hrude 2 metre) strom Národného parku Bavorský les. Použil prostriedok pyrethrum – insekticíd, od ktorého všetky pavúky a chrobáky žijúce v korune zahynuli. Takto sa ukázalo, aký druhovo rozmanitý je život hore. Výskumník narátal 2 041 živočíchov, ktoré priradil k 257 druhom.[35]

V korunách dokonca nájdeme aj špeciálne vlhké biotopy. Keď sa kmeň rozvetví na dvojak, v záreze sa zbiera voda. Tieto mini močiare sú domovom lariev komára, ktorými sa živia vzácne druhy chrobákov. Zvieratá to majú ťažšie, keď sa v dutinách kmeňa hromadia zrážky. Vo vnútri je tma a potuchnutá, zakalená brečka obsahuje málo kyslíka. Larvy, vyvíjajúce sa vo vode, nemôžu v takýchto podmienkach dýchať. Iba ak majú dýchaciu trubicu ako potomstvo pestrice čmeľovitej. Tie si ju dokážu teleskopicky vytiahnuť a takto v miniatúrnych vodách prežijú. Keďže sa okrem baktérií v nej nič nehýbe, larvy sa pravdepodobne živia práve nimi.[36]

Nie každý strom si ďatle vyberú na stavbu hniezda a jedného dňa podľahne hnilobe, zďaleka nie všetky stromy pomaly chorľavejú a popritom poskytujú nevšedný životný priestor špecializovaným druhom. Mnohí jedinci vypustia dušu náhle, či už vplyvom víchrice, ktorá zlomí mocný kmeň, alebo lykožrútov, ktoré v priebehu niekoľkých týždňov zničia kôru a odoberú lístiu vlahu. Tak sa od základu zmení ekosystém stromu. Živočíchy a rastliny, odkázané na trvalý prísun vlahy cez cievy alebo cukru z koruny, musia buď mŕtvy strom opustiť, alebo samy zahynúť. Ich malý svet prestal existovať. Alebo práve začal?

„Keď odchádzam, odchádza zo mňa iba časť" – táto veta zo šlágru Petra Maffaya by mohla pokojne pochádzať z „pera" stromu. Lebo mŕtve telo je pre kolobeh lesa naďalej veľmi potrebné. Dlhé staročia nasávalo zo zeme živiny, ukladalo si ich do dreva a do kôry, čím odovzdáva svojmu potomstvu vzácny poklad. Lenže to sa k jeho prestretému stolu nedostane len tak, potrebuje pomoc ostatných organizmov. Len čo sa zlomený kmeň zvalí na zem, tisíce druhov húb a hmyzu si na ňom a na jeho pni usporiadajú gurmánsky štafetový beh. Každý sa špecializuje na určité štádium rozkladu a v rámci neho na určité biologické zložky. Preto tieto druhy nikdy neohrozujú živé stromy – tie by im pripadali príliš čerstvé. Spráchnivené drevné vlákna, nahnité a vlhké bunky – tie sú im po chuti. Pri jedle a celkovom vývine si doprajú dostatok času, ako ukazuje napríklad roháč. Dospelý chrobák žije len zopár týždňov, aby sa mohol páriť. Hmyz väčšinu života strávi v podobe larvy, ktorá sa pomaly prežiera rozdrobenými koreňmi listnatých stromov. Trvá jej osem rokov, kým sa nasýtená a guľatučká zakuklí.

Prinajmenšom rovnako pomalé sú drevokazné huby. Trčia z odumretých kmeňov ako poličky v tvare rozpoleného taniera. Jednou z nich je práchnovček pásikavý. Živí sa bielymi celulózovými vláknami dreva a po jedle vylučuje hnedé drobivé kocky. Jeho plod, spomínaný rozpolený tanier, je prilepený pekne vodorovne na kmeni. Len tak je zaručené, že z rúrok na spodnej časti sa vysypú výtrusy na účely rozmnožovania. Keď sa jedného dňa práchnivý kmeň zvalí, huba rúrky zapečatí a pokračuje v raste skrz doterajší plod, aby sa mohol vytvoriť nový vodorovný tanier.

Medzi niektorými hubami prebieha trpký boj o teritórium bohaté na potravu, čo dobre vidno na odpílenom mŕtvom dreve. Sú tam zreteľné mramorové štruktúry z tmavšieho a svetlejšieho tkaniva, ktoré sú od seba jasne oddelené čiernou čiarou. Rozličné farebné odtiene pochádzajú od odlišných druhov húb, ktoré prenikli cez drevo. Svoje územie si vymedzujú voči ostatným druhom tmavými, nepreniknuteľnými polymérmi, ktoré v našich očiach označujú bojové línie.

Celkovo je na odumreté drevo odkázaná pätina všetkých živočíšnych a rastlinných druhov, čo predstavuje zhruba 6 000 doteraz známych biologických druhov.[37]

Sú užitočné pre spomínané recyklovanie živín, ale môžu les aj ohrozovať? Čo keby prišli na nápad, že v prípade nedostatku mŕtveho dreva sa pustia do živých stromov? S touto obavou sa opakovane stretávam u našich návštevníkov a nejeden súkromný majiteľ lesa z tohto dôvodu odstraňuje každučký odumretý kmeň. Lenže to je zbytočné. Pri takýchto akciách sa bezdôvodne ničí vzácny životný priestor, pretože obyvatelia mŕtveho dreva nevedia, čo by si počali so živými stromami. Ich drevo je málo drobivé, príliš vlhké a obsahuje priveľa cukru. Navyše buky, duby a smreky sa voči invázii bránia. Zdravé stromy, ak sú dobre živené, odolajú vo svojej prirodzenej oblasti rozšírenia takmer každému útoku. A k tomu prispieva aj armáda trpaslíkov, pokým natrafí na existenčnú základňu. Ba mŕtve drevo má neraz bezprostredný význam aj pre stromy, lebo ležiaci kmeň sa môže stať kolískou vlastného potomstva. Semenáčiky smrekov napríklad vynikajúco klíčia na mŕtvom rodičovskom tele. Mäkké hnilé drevo výborne ukladá vodu, časť jeho živín sa už uvoľnila pôsobením húb a hmyzu. Vynára sa len jeden drobný problém. Kmeň ako náhradná zemina nevydrží naveky, naopak, je jej čoraz menej, až sa jedného dňa celkom rozpadne na humus a zmizne v pôde. Čo sa vtedy stane so stromčekmi? Ich korene sa postupne odkrývajú a pritom strácajú oporu. Lenže nakoľko tento proces trvá dlhé desaťročia, koreňové výbežky nasledujú rozložené drevo do zeme. Kmeň takto vyrastených smrekov stojí na akýchsi chodúľoch, ktorých výška kopíruje priemer niekdajšieho ležiaceho materského stromu.

Zimný spánok

Na sklonku leta v lesoch panuje zvláštna atmosféra. Koruny vymenili sýtozelenú farbu za vybledNutú žltozelenú. Zdá sa, že čoraz viac stromov vzmáha únava a vyčerpane čakajú na koniec vyčerpávajúcej sezóny. Rovnako ako u ľudí po rušnom dni nastupuje zaslúžená prestávka.

Medvede hnedé aj plchy lieskové sa ukladajú na zimný spánok, ale stromy? Majú vôbec nejakú pokojnú fázu, zrovnateľnú s našim nočným odpočinkom? Medveď hnedý je na porovnanie veľmi vhodný, lebo aj on používa rovnakú stratégiu. V lete a v skorú jeseň sa napcháva, aby si vytvoril hrubú vrstvu tuku a mohol z nej v zime čerpať živiny. Presne tak to robia aj naše druhy stromov. Pravda, nepožierajú čučoriedky ani lososy, ale čerpajú do zásoby slnečné lúče a pomocou nich si vytvárajú cukor a iné rezervné látky. A ukladajú si ich do pokožky rovnako ako medveď. Keďže nedokážu priberať (to robia len ich kosti, teda drevo), môžu plniť živinami len svoje tkanivo. Kým medveď zhltne, čo vidí, stromy majú jedného dňa dosť. Od augusta to možno pozorovať najmä u čerešne vtáčej, jarabiny vtáčej a jarabiny brekinovej. Hoci by do októbra mohli využiť ešte veľa slnečných dní, začínajú sa sfarbovať dočervena. Znamená to, že na tento rok sťahujú rolety. Ich nádrže pod kôrou a v koreňoch sú plné, ďalší vyrobený cukor by nemali kde uskladniť. Zatiaľ čo medveď sa veselo napcháva, týmto druhom už klope na dvere ujo Večerníček. Väčšina ostatných druhov stromov má zrejme väčšie zásobníky, do prvých silných mrazov v nich lačne a sústavne prebieha fotosyntéza. Potom však aj ony musia prestať a zastaviť všetky aktivity. Jeden z dôvodov je voda. Musí byť v tekutom stave, ináč strom nemôže pracovať. Ak mu zamrzne „krv", potom sa nič nedarí, práve naopak. Ak zamrznuté drevo namokne, môže prasknúť ako vodovodné potrubie. Preto väčšina druhov už od júla postupne začína obmedzovať prijímanie vlahy a aktivitu. Na zimnú prevádzku však ešte celkom prepnúť nemôžu. Majú na to dva dôvody. Po prvé, musia využiť posledné teplé dni na sklonku leta na načerpanie síl (ak to nie sú príbuzní čerešne), a po druhé, väčšina druhov stromov musí vrátiť rezervné látky z listov do kmeňa a do koreňov. Na jednotlivé zložky sa rozloží najmä zelené farbivo, teda chlorofyl, aby na jar mohol vo veľkých množstvách vojsť do nového lístia. Po odčerpaní zeleného farbiva vyjdú na povrch žlté a hnedé tóny, ktoré boli v liste prítomné aj predtým. Skladajú sa z karotínov a pravdepodobne majú varovnú funkciu. Vošky a iný hmyz hľadajú v tomto období skrýšu v puklinách kôry, aby sa chránili pred nízkymi teplotami. Zdravé stromy signalizujú svoju odhodlanosť brániť sa počas najbližšej jari žiarivo svietivým jesenným lístím.[38] Pre potomstvo vošky a spol. je to zlá správa, lebo takéto stromy reagujú silnými jedmi. Preto vyhľadávajú slabšie a menej pestré jedince.

Načo toľké plytvanie? Mnohé ihličnany nás presviedčajú o tom, že sa to dá aj ináč. Jednoducho si ponechávajú na vetvách zelenú ozdobu a kašľú na každoročnú obnovu. Na ochranu ihličia pred zamrznutím hromadia v tele mrazuvzdorné látky. Aby sa v zime zo stromu nevyparovala voda, povrch ihličia je potiahnutý hrubou vrstvou vosku. Navyše má pevnú a tvrdú pokožku a drobné dýchacie otvory hlboko zapustené do povrchu. Súbor týchto opatrení účinne bráni stratám vody. Takéto straty by boli tragické, lebo strom zo zamrznutej zeme nedostáva ďalší prísun vlahy, teda by vyschol a následne zahynul od smädu.

V porovnaní s ihličím je lístie hebké a jemné, a preto prakticky bezbranné. Niet divu, že buky a duby ho chvatne zhadzujú, keď sa blížia mrazy. Lenže prečo si tieto druhy v priebehu evolúcie nevytvorili hrubší obal a mrazuvzdorné prostriedky? Naozaj má zmysel, aby každý strom každoročne nanovo vyrábal až milión listov, zopár mesiacov ich užíval a potom ich znova prácne zhadzoval? Evolúcia má na túto otázku navidomoči kladnú odpoveď, lebo keď sa pred približne 100 miliónmi rokov objavili listnaté stromy, ihličnany boli na našej planéte už 170 miliónov rokov. Listnaté stromy sú teda v porovnaní s ihličnanmi výsledok moderného vývoja. Ich správanie na jeseň má pri bližšom pohľade skutočne zmysel. Jeho účelom je vyhnúť sa rozhodujúcej sile: zimným víchriciam. Keď začnú od októbra skuvíňať po lesoch, mnohým stromom ide o život. Od rýchlosti vetra 100 km/h môžu vyvrátiť aj veľké exempláre a takéto víchrice sa niektoré roky opakujú v týždenných intervaloch. Jesenné zrážky príliš rozmočia zem a v kašovitej pôde korene nenachádzajú oporu. Víchor šklbe dospelým pňom silou približne 200-tonového závažia. Ak strom nie je dobre pripravený, nevydrží a zvalí sa. Ale listnaté stromy sú dobre pripravené. Aby lepšie odolali vetru, strasú zo seba celú slnečnú plachtu. Obrovská plocha 1 200 štvorcových metrov[39] sa roztrieští na márne kúsky a padne na lesnú pôdu. Možno to prirovnať k plachetnici so 40-metrovým stožiarom, ktorá zvinula hlavnú plachtu s rozmermi 30 x 40 metrov. To však ešte nie je všetko. Kmeň a konáre sú vytvarované tak, že koeficient odporu vzduchu je zväčša nižší ako v modernom osobnom aute. Navyše je celková konštrukcia taká flexibilná, že tlmí silu prudkého nárazu vetra a odvádza ju do stromu. Všetkými týmito opatreniami listnatý strom dosiahne, že v zime sa mu nič nestane. Pri mimoriadne silných orkánoch, vyskytujúcich sa iba raz za päť až desať rokov, pomôže stromom spoločenstvo. Každý kmeň je iný, má vlastnú históriu a zároveň individuálny vývin drevných vlákien. To má za následok, že každý strom odpruží prvý nápor vetra, ktorý ohne všetky stromy naraz jedným smerom, rozdielne rýchlo. Strom zväčša dorazia následné nárazy vetra, lebo sa opäť ohne uprostred mocného výkyvu – ibaže tentoraz ešte viac. Ale v intaktnom lese pomáha každý každému. Keď koruny švihajú späť, narazia do seba, lebo sa kýva každá individuálne. Kým jedna je ešte uprostred spätného pohybu, iná sa už kláti dopredu. Výsledkom je jemný náraz, ktorý oba stromy pribrzdí. Pri ďalšom poryve vetra sú už takmer nehybné a boj sa začína odznova. Je fascinujúce vidieť zápas korún a pritom zároveň sledovať sociálne spoločenstvo a jeho jednotlivých členov. Samozrejme, nikomu neradím chodiť do lesa počas víchrice.

Vráťme sa k opadávaniu lístia. To, že má zmysel, že sa oplatí vynaložiť silu na každoročnú novú produkciu listov, stromy dokazujú každou zimou, ktorú prežijú. Zima v sebe skrýva ešte aj iné nebezpečenstvá. Napríklad sneh. Po zhodení spomínanej plochy listov veľkosti 1 200 štvorcových metrov sa môže biela prikrývka uchytiť iba na vetvách, čo znamená, že väčšina spadne na zem. No ešte väčšiu ťarchu ako sneh predstavuje ľad. Pred niekoľkými rokmi som zažil poveternostnú situáciu tesne pod bodom mrazu, k tomu nevinne mrholilo. Toto nezvyčajné počasie trvalo tri dni a s každou hodinou som sa väčšmi strachoval o les. Zrážky totiž v priebehu niekoľkých sekúnd uviazli na zamrznutých konároch a očividne ich zaťažovali. Vyzeralo to prekrásne. Všetky stromy boli obalené skleným povlakom. Pritom sa mladé brezové lesíky kolektívne skláňali a ja som ich v duchu s ťažkým srdcom odpisoval. V prípade dospelých stromov to boli najmä ihličnany, väčšinou duglasky a smreky – stratili až dve tretiny zelených konárov v korune a tie sa s hlasným praskotom lámali. To stromy enormne oslabilo. Potrvá celé desaťročia, kým sa im podarí koruny nanovo vybudovať.

Ohnuté mladé brezy ma však prekvapili. Keď sa o niekoľko dní ľad roztopil, 95 percent kmeňov sa znova vyrovnalo. Dnes, niekoľko rokov potom, nie je na brezách prakticky nič poznať. Pravdaže sa našlo zopár, ktoré sa z výkyvov nespamätali. Zahynuli, ich spráchnivené kmene sa zlomili a teraz sa pomaly menia na humus.

Opadávanie lístia je teda účinné ochranné opatrenie, ako ušité na mieru klímy našej zemepisnej šírky. Navyše stromom poskytuje príležitosť konečne sa vybrať na záchod. Podobne ako my chodíme na toaletu pred tým, než sa uložíme do postele, aj ony sa vylučovaním zbavujú zbytočných látok. Tieto potom zhodia s opadaným lístím na zem. Zhadzovanie lístia je aktívny dej, strom teda pritom ešte nespí. Keď sa rezervné látky vrátia do kmeňa, vytvorí sa v ňom deliaca vrstva, ktorá uzavrie spojenie s konármi. Teraz stačí jemný poryv vetra a lístie padá na zem. Až potom sa strom môže uložiť na odpočinok. A ten veru potrebuje, aby sa zotavil z námahy predchádzajúcej sezóny. Spánkový deficit má u stromov podobný účinok ako u ľudí. Je životu nebezpečný. Z tohto dôvodu nemôžu v našich obývačkách prežiť duby či buky vysadené v kvetináčoch. Nedovolíme im oddychovať, preto zväčša hneď v prvom roku zahynú.

U mladých stromčekov, vyrastajúcich v tieni svojich rodičov, existuje niekoľko zreteľných odchýlok v štandardnom procese opadávania listov. Keď stráca lístie materský strom, zrazu dopadá na zem dostatok slnečného svetla. Preto mladí zelenáči priam čakajú na tento okamih, aby v jasnom svetle načerpali kopu energie. Zväčša ich pritom zaskočia prvé mrazíky. Ak zreteľne prekračujú bod mrazu, teda pri nočných mrazoch približne –5°C, všetky stromy sa nutne unavia a upadnú do zimného spánku. Vytvorenie deliacej vrstvy je za týchto okolností nemožné a opadávanie lístia vylúčené. Na mladé stromčeky to nemá žiadny vplyv. Pre nepatrnú výšku ich neohrozuje vietor, dokonca aj sneh je len málokedy skutočným problémom. Na jar využijú mladé stromčeky rovnakú šancu ešte raz. Vypučia o dva týždne skôr ako dospelé stromy a tým si zaistia výdatné slnečné raňajky. Lenže odkiaľ mládež vie, kedy musí naštartovať? Veď nepozná termín, kedy plánujú vypučať materské stromy. Tesne nad zemou panujú mierne teploty a jar sa skutočne hlási približne o dva týždne skôr než o 30 metrov vyššie v korunách. Tam drsný víchor a surové studené noci mierne odďaľujú príchod teplého ročného obdobia. Staré stromy vetvami tienia a zmierňujú prudké neskoré mrazy, vrstva lístia na zemi má účinok hrejivej kopy kompostu, teplomer v nej vystúpi o niekoľko stupňov. Spolu s dňami nadobudnutými na jeseň získa mládež celý mesiac času na voľný rast – a to je takmer 20 percent vegetačného obdobia.

U listnatých stromov nachádzame všemožné spôsoby

správania, čo sa týka šetrnosti. Pred opadaním lístia si sťahujú rezervné látky do konárov. Ale niektorým stromom akoby na tom nezáležalo. Napríklad jelše veselo striasajú na zem sýtozelené listy a nemyslia na zajtrajšok. Je pravda, že zväčša rastú v bahnistom teréne bohatom na živiny a zjavne si môžu dovoliť luxus produkovať chlorofyl každý rok nanovo. Huby a baktérie im pod nohami vyrábajú recyklovaním starého lístia východiskové látky a stromy ich prijímajú koreňmi. Nie sú odkázané na spätný prívod dusíka, lebo žijú v symbióze s baktériami čeľade rhizobiaceae, ktoré im ho zabezpečia nadostač. Títo malí pomocníci vyfiltrujú zo vzduchu ročne až 30 ton dusíka na štvorcový kilometer jelšového lesa a poskytnú ho svojim priateľom stromom.[40] To je viac, než väčšina roľníkov rozsype na polia vo forme hnojiva. Mnoho druhov sa usiluje hospodáriť šetrne, no jelše demonštrujú svoje bohatstvo. Podobne sa správa aj jaseň a baza. Títo márnotratníci zhadzujú zelené lístie a ničím neprispievajú k jesennému sfarbeniu lesov – pestro sfarbení sú iba sporiví hospodári. Nie, nie je to celkom pravda. Žltá, oranžová a červená farba sa objaví po vysatí chlorofylu z listov, ale aj tieto karotenoidy a antokyaníny sa napokon rozložia. Dub je príkladom opatrného druhu, všetko si ukladá do batôžka a zhadzuje výlučne hnedé lístie. Buk má na sklade všetky farby od hnedej po žltú, z čerešne opadáva červenkasté lístie.

Vráťme sa ešte k ihličnatým stromom, k nim som sa v tejto súvislosti zachoval trochu macošsky. Aj medzi nimi nájdeme kandidáta, ktorý stráca ihličie – je to smrekovec. Netuším, prečo práve on stavil na rovnaký princíp ako listnaté stromy, a ostatné ihličnany nie. Možno v evolučných pretekoch o najlepšiu metódu prezimovania ešte nevyhlásili víťaza. Ak si strom ponechá ihličie do jari, prináša mu to výhodu na štartovacej čiare, môže sa okamžite a bez zdĺhavého pučania rozbehnúť. V skutočnosti však mnoho výhonkov vyschne, lebo zem je ešte zamrznutá, no koruna sa na jarnom slnku prudko zohreje a naštartuje fotosyntézu. Povädne najmä minuloročné ihličie, lebo ešte nemá hrubú voskovú vrstvu, rozlíši síce nebezpečenstvo, ale nevie zadržať odparovanie.

Aj smreky, borovice, jedle a duglasky menia ihličie, veď aj ony musia chodiť na záchod. Zhadzujú najstaršie, ktoré je už poškodené a málo výkonné. Jedle si ponechávajú desať, smreky šesť a borovice tri ročníky, poznať to na jednotlivých úsekoch vetvičiek. Borovice zhadzujú až štvrtinu zelene, preto v zime pôsobia trošku ošklbaným dojmom. Na jar nastúpi nový ročník s čerstvými výhonkami a koruny opäť vyzerajú zdravo.

Zmysel pre čas

Zdá sa nám samozrejmé, že lesné stromy v našich zemepisných šírkach na jeseň zhadzujú lístie a na jar pučia. Ale keď sa tomu prizrieme bližšie, tento proces je veľký zázrak, lebo stromy v prvom rade musia mať zmysel pre čas. Odkiaľ vedia, že nastupuje zima, alebo že stúpajúce teploty nie sú len krátkou vsuvkou, ale ohlasujú jar?

Zdá sa logické, že čoraz teplejšie dni sú podnetom na vyháňanie lístia, veď vtedy sa zamrznutá voda v kmeni roztápa a začína prúdiť. Je pozoruhodné, že púčiky vyženú o to skôr, o čo studenšia bola predošlá zima. V klimatickom laboratóriu to testovali vedci z mníchovskej Technickej univerzity.[41] Čím teplejšia je zima, tým neskôr sa zazelenajú napríklad bukové vetvičky – spočiatku to znie nelogicky. Veď iné rastliny, napríklad byliny, sa často zaktivizujú už v januári, dokonca začnú kvitnúť, ako pravidelne hlásia senzačné správy v médiách. Že by sa stromy bez mrazivých teplôt počas zimného spánku dostatočne nezotavili, a preto sa na jar nemôžu dostať do švungu? Tak či onak, v období klimatických zmien je to skôr negatívne, lebo iné druhy nie sú natoľko unavené, rýchlejšie vytvárajú nové lístie a získavajú oproti nim výhodu.

Koľkokrát sme už v januári či vo februári zažili teplejšie dni, a napriek tomu duby ani buky nevyhnali čerstvú zeleň? Ako stromy vedia, že ešte nenastal čas vytvárať nové výhonky? V prípade ovocných stromov sa nám podarilo poodhaliť závoj tohto tajomstva: Stromy pravdepodobne vedia počítať! Až keď počet teplých dní prekročí určité číslo, začnú počasiu dôverovať a vyhodnotia ho ako jar.[42] Ale zopár teplých dní ešte nerobí jar.

Zhadzovanie a pučanie listov totiž nezávisí len od teploty, ale aj od dĺžky dňa. Napríklad buky sa prebúdzajú až vtedy, keď je najmenej 13 hodín denného svetla. To je prekvapivé, lebo to znamená, že stromy majú do istej miery schopnosť vidieť. Zrak stromov by sme pochopiteľne hľadali v listoch – sú vyzbrojené akýmisi solárnymi bunkami, a teda najlepšie vybavené na príjem svetelných vĺn. V letných mesiacoch to naozaj platí, lenže v apríli konáre ešte nemajú lístie. Dodnes to nie je celkom objasnené, ale predpokladáme, že schopnosťou vidieť disponujú púčiky. V nich sú skryté zvinuté listy, ktoré zvonka chránia hnedé lupienky, aby zamedzili vyschnutiu. Poďme sa na ne pozrieť bližšie. Keď sa púčik otvára, podržte ho proti svetlu. Správne, lupienky sú priesvitné. Pravdepodobne stačí nepatrné množstvo svetla a púčiky zaregistrujú dĺžku dňa, ako to poznáme u semien niektorých poľných burín. Na vyvolanie klíčenia neraz postačí aj slabý svit nočného mesiaca. Ale svetlo zachytáva aj kmeň stromu. V kôre väčšiny druhov sa ukrývajú maličké spiace púčiky. Keď susedný strom odumrie alebo spadne, do lesa prenikne viac slnka. Mnohé jedince začnú vyháňať ďalšie púčiky, aby strom využil ponuku dodatočného svetla.

Lenže ako stromy zistia, že teplejšie dni nie sú súčasťou babieho leta, ale jari? Správnu reakciu vyvoláva kombinácia dĺžky dňa a teploty. Stúpajúce teploty patria k jari, klesajúce k jeseni – aj to stromy registrujú. Preto sa domáce druhy ako duby a buky prispôsobia aj opačnému rytmu na južnej pologuli, keď ich napríklad vyvezú na Nový Zéland a tam zasadia. To zase celkom mimochodom svedčí o ďalšej vlastnosti stromov – majú totiž pamäť. Ako by ináč porovnávali dĺžku dňa, ako by rátali teplé dni?

V nezvyčajne teplých rokoch s vysokými jesennými teplotami môžeme nájsť stromy, ktorým sa zmysel pre čas úplne poplietol. Púčiky sa im nalievajú v septembri a niektoré dokonca vyháňajú nové lístočky. Tieto motovidlá musia pri príchode prvých mrazíkov znášať dôsledky. Tkanivo čerstvých výhonkov ešte nezdrevnatelo, lístočky sú preto bezbranné. Nová zeleň zamrzne a strom to isto bolí. Okrem toho, puky budúcej jari sú fuč a strom musí úmorne tvoriť náhradné. Kto sa teda nemá na pozore, stráca silu a vstupuje do novej sezóny s horšími kartami.

Stromy nepotrebujú zmysel pre čas iba kvôli lístiu. Táto schopnosť je minimálne rovnako dôležitá pre ich potomstvo. Ak na jeseň padnú na zem semená, nemali by začať klíčiť, lebo vtedy nastanú dva problémy. Po prvé, jemné výhonky nemajú čas zdrevnatieť, teda do zimy stuhnúť a spevnieť, a preto zamrznú. Po druhé, v zimnom období nemajú srnky a jelene dostatok potravy a s radosťou sa vrhnú na čerstvú zeleň. Preto je lepšie vyklíčiť spolu s ostatnými druhmi rastlín na jar. Semená registrujú chlad a až keď krutú zimu vystriedajú dlhšie obdobia tepla, mláďatá stromov sa odvážia vyjsť zo svojho obalu. Prešpekulovaný počítací mechanizmus ako v prípade vyháňania listov mnohé semená nepotrebujú. Bukvice a žalude, ktoré zahrabali sojky a veveričky, odpočívajú centimeter pod zemou. Tam začne byť teplo až po príchode ozajstnej jari. Mušie váhy, napríklad semená briez, si musia dávať väčší pozor, lebo vďaka krídelkám vždy pristanú na povrchu zeme, kde ostanú ležať. V závislosti od stanovišťa to môže byť aj na prudkom slnku, preto musia mláďatá, rovnako ako rodičia, registrovať správnu dĺžku dňa a vyčkať na vhodný okamih.

Vec povahy

Pri ceste medzi mojou rodnou obcou Hümmel a najbližšou dedinou v údolí rieky Ahr rastú tri duby. Sú výrazným prvkom pláne, ktorá je podľa nich pomenovaná. Stoja nezvyčajne blízko seba, ich storočné pne delí len niekoľko centimetrov. Je to ideálny objekt pozorovania, lebo všetky tri majú rovnaké prírodné podmienky. Pôda, vlhkosť, miestna mikroklíma – to všetko sa v rámci jedného metra zásadne nelíši. Ak sa teda duby správajú odlišne, možno to pripisovať ich individuálnym vlastnostiam. A veruže sa správajú odlišne! Ak v zime opŕchnu alebo v lete majú naplno rozvinuté listnaté koruny, okoloidúci vodiči ani nepostrehnú, že ide o tri stromy. Ich koruny sa navzájom prelínajú a tvoria jedinú spoločnú pologuľu. Tesne pri sebe stojace kmene neraz pochádzajú z jedného koreňa, ako to býva u vyrúbaných jedincov, ktoré nanovo vyhnali. Lenže na jeseň tento trojlístok demonštruje, že je to úplne ináč. Zatiaľ čo dub napravo sa už sfarbuje, stromy v strede a naľavo sa ešte pýšia bohatou zeleňou. Kolegu nasledujú do zimného spánku až o týždeň či dva neskôr. Lenže keď majú identické stanovište, aký môže byť dôvod odlišného správania? Skutočne závisí od povahy stromu, kedy zhadzuje lístie. Lebo ako sme sa dozvedeli v predchádzajúcej kapitole, zhodiť ho musí. Ale kedy nastane správny čas? Stromy nevedia odhadnúť prichádzajúcu zimu, nevedia, či bude tuhá alebo mierna. Registrujú skracovanie dní a pokles teplôt. Ak teploty vôbec klesajú. Na jeseň neraz prichádza babie leto s teplým vzduchom a vtedy majú duby po chlebe. Majú ešte využiť teplé dni, pokračovať vo fotosyntéze a rýchlo si uložiť do zásoby zopár kalórií cukru navyše? Alebo radšej nebudú riskovať a lístie zhodia, čo keby predsa len náhle prišiel mráz a odsúdil ich na vynútený zimný spánok? Každý z trojice stromov sa zjavne rozhoduje po svojom. Ten napravo je trochu bojko, alebo keď to chceme vyjadriť pozitívne, je rozumný. Načo sú mu zásoby navyše, ak nebude môcť zhodiť lístie a celú zimu sa bude triasť o život? Radšej sa ho zbaví, kým je čas, a šup do ríše snov! Ostatné dva duby sú o čosi odvážnejšie. Ktovie, čo prinesie najbližšia jar, koľko síl ich bude stáť náhly útok hmyzu a čo im po ňom zostane z rezerv? Preto si dlhšie uchovávajú zeleň a po okraj naplnia nádrže pod kôrou a v koreňoch. Doteraz sa im tento prístup osvedčil, ale ktovie, ako dlho im to vydrží. V dôsledku klimatických zmien sa jesenné teploty zvyšujú a riskantná hra s lístím sa niekedy ťahá až do novembra. Lenže jesenné víchrice začínajú vždy v októbri, takže stúpa riziko, že stromy sa vyvrátia s kompletne olistenou korunou. Podľa môjho odhadu majú práve opatrné stromy do budúcna lepšiu šancu prežiť.

Podobné javy možno pozorovať u ostatných listnatých stromov, ale aj u jedlí bielych. Podľa etikety stromov majú byť dlhé a hladké, teda bez vetiev v dolnej polovici kmeňa. Je to účelné, lebo dole je nedostatok svetla. Ak nie sú poruke slnečné lúče na spracovanie, odstavia nepotrebné časti tela, aby zbytočne neodčerpávali živiny. Rovnako pochodia aj naše svaly – ak ich nepoužívame, telo dá príkaz, aby sa scvrkli a šetrili kalórie. Stromy však nedokážu odstrániť vetvy samy, môžu ich len nechať odumrieť. Dielo musia dokončiť huby, ktoré mŕtve drevo napadnú. Jedného dňa spráchnivie, spadne na zem a tam sa recykluje na humus. Problém vznikne v mieste na kmeni, kde sa odlomil konár. Huby veselo vrastajú do kmeňa, lebo tam chýba ochranná vrstva kôry. Chýba, ale dá sa to zmeniť. Ak konáre neboli veľmi hrubé (viac ako tri centimetre), rana sa o niekoľko rokov zacelí. Stromy môžu túto oblasť zvnútra nanovo premáčať vodou, a hubám odzvonilo. Ale ak boli konáre veľmi hrubé, trvá to pridlho. Rana zostáva dlhé desaťročia otvorená a vytvorí hubám koridor, ktorým vnikajú hlboko do dreva. Kmeň hnije a stráca pevnosť. Práve preto etiketa stromom predpisuje v dolnej časti kmeňa tenké vetvičky. Ak pri ďalšom raste odpadnú, nesmú sa už vytvoriť za žiadnych okolností. Ale niektoré jedince to napriek tomu spravia. Ak v susedstve odumrie kolega, využijú dopadajúce svetlo a zospodu vyženú nové puky. Z nich vyrastú hrubé vetvy, ktoré sprvoti prinášajú veľké výhody, lebo stromy môžu dvojnásobne využiť vhodnú príležitosť na fotosyntézu – v korune a na kmeni. Lenže jedného dňa, možno po dvadsiatich rokoch, sa rozkošatia aj koruny okolostojacich stromov a medzera sa uzavrie. Na prízemí nastane tma a hrubé vetvy odumrú. Teraz sa nenásytníkom vypomstí dychtivosť za slnkom, lebo ako sme už spomínali, hlboko do kmeňa vpochodujú huby a ohrozia ich. Pri najbližšej lesnej prechádzke sa sami môžete presvedčiť, že takéto správanie je skutočne individuálne, a je teda vecou povahy. Prezrite si stromy lemujúce čistinku. Všetky dostávajú rovnaké podnety, aby robili hlúposti a vytvárali na kmeni nové konáre, ale iba niektoré z nich podľahnú pokušeniu. Ostatné si udržujú kôru bezchybne hladkú a predvídateľnému riziku sa vyhýbajú.

Chorý strom

Väčšina druhov stromov má zo štatistického hľadiska potenciál dožiť sa veľmi vysokého veku. V urnovom háji v mojom revíri sa ma ľudia, ktorí si tam kúpia strom, často pýtajú, akého veku sa môže dožiť ich exemplár. Väčšina si vyberá buky alebo duby a priemerná dĺžka ich života je podľa aktuálnych poznatkov 400 až 500 rokov. Lenže akú hodnotu má štatistika pri posudzovaní jednotlivého prípadu? Presne ako u ľudí – nulovú. Predznačená cesta stromu sa totiž môže jedného dňa z viacerých dôvodov zmeniť. Jeho zdravotný stav závisí od toho, aký stabilný je les ako ekosystém. Teplota, vlhkosť a svetelné pomery by sa nikdy nemali meniť náhle, lebo stromy nemajú schopnosť reagovať pohotovo. Ale aj keď sú všetky vonkajšie podmienky optimálne, na svoju šancu konečne zaútočiť stále vyčkávajú chrobáky, huby, baktérie a vírusy. V podstate sa im to môže podariť iba vtedy, ak strom stratí rovnováhu. Za normálnych okolností si rozvrhuje sily rovnomerne. Väčšinu z nich použije na každodenný život. Musí dýchať, „tráviť" potravu, zásobovať spriatelené huby cukrom, každý deň trošku podrásť a mať pripravenú tajnú rezervu na obranu proti škodcom. Táto rezerva obsahuje celý rad účinných obranných látok v závislosti od jeho druhu a strom ju môže hocikedy aktivovať. Sú to takzvané fytoncídy s antibiotickým účinkom. V tejto oblasti sa uskutočnili pôsobivé výskumy. Leningradský biológ Boris Tokin opísal už v roku 1956 nasledovný pokus: Ak do kvapky vody obsahujúcej prvoky pridáme štipku rozdrveného smrekového alebo borovicového ihličia, všetky živočíchy do sekundy zahynú. V tom istom diele Tokin píše, že v mladých borovicových lesíkoch je vzduch v dôsledku fytoncídov uvoľňujúcich sa z ihličia takmer zbavený choroboplodných zárodkov.[43] Stromy teda dokážu dezinfikovať svoje prostredie. To však ešte nie je všetko. Zložky obsiahnuté v orechových listoch pôsobia proti hmyzu tak účinne, že milovníci záhrad odporúčajú: Ak hľadáte miesto pre zastrčenú lavičku na oddych, nájdete ho pod orechom. Tu je najmenšia šanca, že vás doštípu komáre. Fytoncídy ihličnatých stromov výborne voňajú. Výraznú lesnú vôňu možno intenzívne cítiť najmä v horúcich letných dňoch.

Ak sa starostlivo vybalansovaná rovnováha rastových a obranných síl naruší, strom môže ochorieť. Príčinou môže byť napríklad smrť suseda. Na korunu zrazu dopadá viac svetla a strom začne dychtiť po väčšom prídele fotosyntézy. Je to celkom rozumné, veď takáto šanca sa naskytne približne raz za sto rokov. Keď sa strom nečakane ocitne v záplave slnečného svetla, nechá všetko tak a sústredí sa na rast konárov. Nezostáva mu nič iné, veď kolegovia okolo robia to isté, takže v krátkom čase (z hľadiska stromov) 20 rokov sa medzera znova zacelí. Výhonky rýchlo rastú a za rok im namiesto zvyčajných pár milimetrov pribúda aj 50 centimetrov. Strom to stojí veľa síl a nezostáva mu dosť na obranu proti chorobám a parazitom. Ak má šťastie, je všetko v poriadku, a kým sa medzera zacelí, strom zväčší objem koruny. Potom si dopraje prestávku a znova nájde osobnú rovnováhu. Ale beda, ak vo fáze rastového opojenia nastane problém! Huba, ktorá znenazdania napadne kýpeť haluze a cez mŕtve drevo vnikne do kmeňa, lykožrút, ktorý sa náhodne zahryzne do nášho valibuka a zistí, že obranná reakcia neprichádza. A je to tu! Strom síce na pohľad srší zdravím, ale nedokáže odraziť útok, lebo mu chýba energia na mobilizáciu obranných látok. Prvé reakcie na ataky sa ukážu v korune. Listnatým stromom zrazu odumrú donedávna vitálne najvyššie výhonky a do vzduchu čnejú hrubé kýpte haluzí bez postranných vetvičiek. Ihličnany sprvoti reagujú tak, že na strome neudržia viac ročníkov ihličia. Tak napríklad choré borovice často nemajú na vetvách tri, ale iba jednu až dve generácie, a preto sa im koruny výrazne presvetlia. U smrekov nastáva lametový efekt, keď vetvičky ochabnuto ovísajú z konárov. Neskôr sa z kmeňa začne veľkoplošne olupovať kôra. A teraz to môže pokračovať veľmi rýchlo. Odumierajúca koruna klesá ako teplovzdušný balón, ktorému vypustili ventil, lebo mŕtve haluze sa v zimných víchriciach lámu. U smrekov je to ešte viditeľnejšie, lebo zoschnutý horný špic stromu sa zreteľne vyníma v zeleni spodných, ešte vitálnych poschodí.

Živý strom každý rok vytvára v dreve kruhy, lebo je odsúdený rásť. Kambium, priezračná tenká vrstva medzi kôrou a drevom, vylučuje vo vegetačnom období dovnútra nové bunky dreva a navonok nové bunky kôry. Ak strom už nedokáže zväčšovať objem, zahynie. Aspoň sme si to dlho mysleli. Vo Švajčiarsku výskumníci objavili na pohľad zdravé borovice, plné zeleného ihličia. Pri podrobnejšom prieskume po vyrúbaní alebo odobratí vrtných vzoriek však zistili, že niektoré jedince už vyše tridsať rokov nevytvorili v dreve jediný nový letokruh.[44] Borovice so zeleným ihličím, a mŕtve? Stromy napadla agresívna huba koreňovka vrstevnatá, načo im odumrelo kambium. Korene napriek tomu ďalej čerpali vodu do koruny pomocou rúrok v kmeni a zásobovali ihličie životne dôležitou vlahou. A čo samotné korene? Keď je mŕtve kambium, je mŕtva aj kôra. Strom v tomto prípade už nemôže pumpovať cukrový roztok z ihličia do dolnej časti. Odumretému kamarátovi mohli pomáhať zásobovať korene živinami len susedné zdravé borovice. O tom som už písal v kapitole „Priateľstvá".

Nejeden strom v priebehu života utrpí okrem chorôb aj zranenie. Príčin je viacero. Napríklad ak padne susedný strom. V hustom lese sa nedá zabrániť, aby pritom nezavadil o svojich okolostojacich kamarátov. Ak k tomu dôjde v zime, keď relatívne suchá kôra pevne prilieha na drevo, nestane sa nič hrozné. Väčšinou sa len odlomia nejaké vetvy, a takúto škodu o niekoľko rokov nevidno. Závažnejšie sú poranenia kmeňa, k nim dochádza prevažne v letných mesiacoch. Vtedy je kambium, tenká vrstvička medzi drevom a kôrou, priezračné, klzké a nasiaknuté vodou. Stačí nepatrná sila a vonkajšia pokožka sa ľahko odlúpi. Ostré konáre padajúceho suseda môžu spôsobiť niekoľkometrové rany. Vlhké drevo je ideálna pristávacia plocha pre spóry húb, ktoré dokvitnú v priebehu niekoľkých minút. Vyrastajú z nich pletivá, ktoré sa okamžite vrhnú na hostinu plnú dreva a živín. Lenže stále nepostupujú tak rýchlo, ako by chceli. V dreve je totiž priveľa vody, a hoci huby vlhkosť milujú, premoknúť do nitky pre ne znamená istú smrť. Ich víťazný postup dovnútra kmeňa spočiatku spomalí beľ, vlhká biela vrstva dreva pod kôrou. Teraz je však voľne vystavená vzduchu a začína vysychať. Nastanú preteky ako v spomalenom filme. Huby vnikajú dnu do tej miery, do akej beľ stráca vlhkosť, a strom sa zároveň pokúša ranu zaceliť. Tkanivo na okraji rany riadne pridá plyn a veľmi rýchlo sa zrastá. Za rok môže prekryť až jednocentimetrovú ranu. Najneskôr do piatich rokov musia byť rolety stiahnuté. Starú ranu prekryje nová kôra, strom môže začať znútra zavlažovať poškodené drevo a vykynoží huby. Ak však huby medzičasom prenikli z beli do jadrového dreva, je neskoro. Táto odumretá časť dreva je suchšia, preto pre útočníka ideálna. Strom už nedokáže reagovať. V rozhodujúcej miere teda závisí od rozsahu zranenia, či má strom ešte šancu. Kritické sú všetky rany širšie než tri centimetre. Ale aj keď huba zvíťazí a pohodlne sa usalaší v útrobách stromu, nie je všetko stratené. Má síce možnosť nerušene sa vrhnúť na drevo, ale robí to bez chvatu. Kým všetko zožerie a spracuje na červotočinu, pokojne môže prejsť aj sto rokov. Strom pritom vôbec nestráca stabilitu, lebo vo vlhkých vonkajších letokruhoch beli sa huba šíriť nemôže. V extrémnom prípade je strom znútra dutý ako komín. A rovnako ako v prípade komína, aj tu zostáva stabilita kompletne zachovaná. Spráchnivený strom teda nemusíme ľutovať ani sa báť, že trpí bolesťami. Dôvod: vnútorné drevo býva spravidla odumreté a živé bunky doň nepreniknú, navyše vonkajšie, ešte aktívne letokruhy rozvádzajú vodu po kmeni, a preto sú z hľadiska húb príliš presiaknuté vlhkosťou.

Keď strom úspešne prekonal poškodenie kmeňa a zacelil rany, potom sa väčšinou môže dožiť rovnakého veku ako jeho nezranení kamaráti. Zavše, počas mimoriadne chladných zím, sa staré rany ozvú. Lesom zaduní rana ako výstrel z dela a kmeň sa pozdĺž línie rany opäť rozčesne. Na vine sú rozdiely v napätí zmrznutého dreva, ktoré je u stromov s takouto históriou veľmi nepravidelné.

Buď svetlo!

O slnečnom svetle som už písal na viacerých miestach a ukázalo sa, že v lese je to extrémne dôležitý faktor. Znie to banálne, veď stromy sú rastliny a ak chcú prežiť, musí v nich prebiehať fotosyntéza. V našich domácich záhradkách však majú záhony a trávniky vždy dostatok slnka, preto je pre rast rastlín rozhodujúca skôr voda a živiny nahromadené v pôde. V bežných situáciách nie je natoľko zjavné, že svetlo je dôležitejšie ako zvyšné dva faktory. A keďže podľa seba súdim teba, radi prehliadame, že intaktný les má úplne iné priority. Tam sa bojuje o každý lúč svetla a každý druh stromu sa špecializuje na inú situáciu, aby si uchmatol aspoň trošku energie. Na najvyššom poschodí, kde sedia šéfovia, sa rozťahujú mocné buky, jedle a smreky, ktoré pohltia 97 percent slnečných lúčov. Je to bezcitné a bezohľadné, ale neberie si každý druh všetko, čo sa mu núka? Stromy vyhrávajú súťaž o miesto na slnku iba preto, lebo majú dlhé kmene. Dlhé a pevné kmene si môže rastlina vytvárať iba vtedy, keď sa dožije vysokánskeho veku, lebo v dreve je uložené nesmierne množstvo energie. Kmeň dospelého buka potrebuje na rast toľko cukru a buničiny, koľko zodpovedá výnosu pšeničného poľa o ploche 10 000 štvorcových metrov. Jasné, že takýto obor nerastie rok, ale 150 rokov. Potom ho však okrem iných stromov neprerastie takmer nijaká rastlina a do konca života si nemusí robiť starosti. Vlastné potomstvo zvyká na to, aby prežilo aj pri zvyškovom svetle, navyše ho dojčí. Pre ostatné rastliny pod nohami stromov to však neplatí, preto si museli vymyslieť niečo iné. Napríklad prvé jarné kvietky. V apríli pokryjú hnedú zem pod starými listnatými stromami biele záplavy kvetov. Les krášlia veternice hájne. Zavše sa medzi ne zamiešajú žlté a modrofialové kvietky, napríklad pečeňovník trojlaločný. Jeho názov je odvodený z tvaru listov, ktorý trošku pripomína ľudskú pečeň. Keďže sa tieto kvietky objavujú počiatkom roka, zavše ich nazývame poslami jari. Pečeňovníky trojlaločné sú húževnaté rastlinky. Kde sa raz uchytia, tam chcú zostať navždy, pomocou semien sa šíria veľmi pomaly. Preto tieto jarné kvietky nachádzame iba v listnatých lesoch, ktoré jestvujú po stáročia.

Pestrá spoločnosť vkladá do kvetinovej nádhery takmer všetky sily. Dôvodom tohto rozšafného plytvania je malý časový priestor, ktorý treba využiť. Keď jarné slnko od marca zohrieva pôdu, listnaté stromy ešte zotrvávajú v zimnom spánku. Do začiatku mája využívajú svoju šancu veternice hájne a spol. a pod opŕchnutými velikánmi produkujú uhľovodíky na ďalší rok. Živiny si ukladajú do koreňov. Malé krásavice sa popritom musia ešte aj rozmnožiť, čo ich stojí ďalšie sily. Zvládnuť toto všetko za jeden až dva mesiace sa rovná malému zázraku. Len čo sa na stromoch rozvinú puky, zotmí sa pod nimi a kvety musia opäť znášať desaťmesačnú prestávku.

Spomínal som, že stromy neprerastie takmer nijaká rastlina. Posvieťme si na slovko „takmer". V skutočnosti existujú rastliny, ktoré sa vyšplhajú do korún stromov. Najprácnejší a najzdĺhavejší je ich štart zo zeme. Jedným z kandidátov je brečtan popínavý. Začína ako drobné semienko pod svetlomilnými stromami, teda takými druhmi, ktoré zaobchádzajú so slnečnými lúčmi veľmi márnotratne a mnohé nechávajú nevyužité preniknúť na zem. Pod borovicami alebo dubmi vytvára brečtan celé koberce. Jedného dňa sa začne výhonok šplhať po kmeni. Ako jediná stredoeurópska rastlina na to využíva vzdušné korienky, ktorými sa pevne prichytí o kôru. Viacero desaťročí sa šplhá vyššie a vyššie, až dosiahne korunu stromu. Tam sa dožíva niekoľko storočí, hoci takéto staré exempláre nachádzame skôr na skalných stenách alebo hradných múroch. V odbornej literatúre sa môžeme dočítať, že tento porast stromom neškodí. Z vlastnej skúsenosti to nemôžem potvrdiť, práve naopak. Vo výškach sa rozťahujúca konkurencia neprospieva najmä boroviciam, ktorých ihličie potrebuje mimoriadne veľa svetla. Postupne im odumierajú vetvy, čo stromy natoľko oslabí, že uhynú. Stonky brečtanu zvierajúce kmeň môžu samy nadobudnúť hrúbku kmeňa a berú dych boroviciam a dubom ako hady škrtiče, ovíjajúce sa okolo tela obete. Hrdusiaci efekt je ešte zreteľnejší u iného druhu – zemoleza ovíjavého. Rastlina s peknými kvietkami pripomínajúcimi ľaliu sa s obľubou šplhá po mladých stromčekoch. Pritom sa vinie okolo kmeňa tak tuho, že počas rastu na ňom vytvorí zreteľné špirálovité zárezy. Takto zmrzačené stromčeky potom predávajú ako bizarné vandrovnícke palice – dlhšie by aj tak neprežili. Pribrzdeným rastom zaostávajú za ostatnými mladými stromčekmi. Ak sa im náhodou podarí dospieť, jedného dňa im víchrica na stočenom mieste zlomí kmeň.

Imelo si šetrí zdĺhavú procedúru rastu do výšky. Radšej štartuje hneď zhora. Drozdy pri brúsení zobáka o konár nalepia jeho semienka na vetvičky. Lenže ako vyklíčia a odkiaľ čerpajú vodu a živiny, keď nemajú kontakt s pôdou?

Nuž, vody a živín je nadostač aj vo výškach – na stromoch. Imelo zapustí korene do konára, na ktorom sedí, a stadiaľ vysaje všetko, čo potrebuje. Ešte že v nich prebieha fotosyntéza, takže hostiteľským stromom berú „iba" vodu a minerály. Preto ich vedci nazývajú poloparazity. Ale napadnutým stromom to nepomôže, lebo v priebehu rokov sa imelo v korunách rozmnoží. Postihnuté jedince možno v prípade listnatých stromov veľmi dobre rozoznať najmä v zime. Niektoré sú tak husto obsadené parazitmi, že ich to ohrozuje. Ustavičné napichovanie žíl stromy oslabuje, navyše sa im dostáva čoraz menej svetla. A akoby to nestačilo, korene imela masívne oslabujú štruktúru dreva. Po viacerých rokoch často dochádza k zlomeninám a koruna sa zmenšuje. Zavše to strom nevydrží a uhynie.

Menej škodlivé sú iné rastliny, ktoré potrebujú stromy len ako podložku – machy. Viaceré druhy nemajú korene, ktoré by zapúšťali do zeme, na kôre sa držia výhonkami. Nemá takmer nijaké svetlo, neprijíma živiny ani vodu z pôdy, a nenabúra sa ani do stromu – je to vôbec možné? Je, ale iba vtedy, ak je rastlina extrémne nenáročná. Hebké vankúšiky zachytávajú vodu z rosy, hmly alebo z prehánok a ukladajú si ju. Väčšinou im to však nestačí, lebo stromy buď fungujú ako dáždnik (smreky a spol.), alebo cielene odvádzajú vodu konármi ku koreňom (listnaté stromy). V druhom prípade si machy jednoducho zvolia priaznivú polohu – usídlia sa na kmeni práve tam, kadiaľ steká voda po zrážkach. Tá nesteká rovnomerne, lebo väčšina stromov stojí mierne nakrivo. Na hornej strane zakrivenia sa vytvorí jarok, z ktorého machy sajú vlhkosť. Aj preto sa machový porast nehodí na určenie svetových strán. Vraj ukazuje náveternú stranu, z ktorej do kmeňa bubnuje dážď a máča ho. Lenže uprostred lesa, kde vietor brzdia stromy, dopadá dážď zväčša kolmo. Navyše je každý strom naklonený na inú stranu, a tak môže orientácia podľa machového porastu spôsobiť parádny zmätok.

Ak je kôra navyše zvráskavená, vlhkosť v škárach sa udrží veľmi dlho. Kmene začínajú vráskavieť zdola a s rastúcim vekom sa ryhy blížia ku korune. Preto u mladých stromčekov siaha mach len niekoľko centimetrov nad zem, kým neskôr zahaľuje celý spodok kmeňa ako podkolienka. Stromu to nijako neškodí a tú trošku vody, ktorú si rastlinky ukradnú pre seba, nahradia tak, že vlhkosť vypúšťajú, čím pozitívne ovplyvňujú lesnú klímu. Ešte treba odpovedať na otázku, ako je to so živinami. Keď ich nezískavajú z pôdy, zostáva už len vzduch. Vietor každoročne priveje do lesa mračná prachu. Z toho dospelý strom odfiltruje viac ako 100 kilogramov. Čiastočky prachu stekajú po kmeni s dažďovou vodou. Zmes nasajú machy a vyfiltrujú si z nej to, čo potrebujú. Živiny by sme teda mali, ostáva už len svetlo. V svetlých borovicových a dubových lesoch to nie je problém, ale vo večne tmavých smrekových lesoch áno. Tam si neporadia ani naši askétovia, preto práve v hustých mladých ihličnatých porastoch často mach nenájdeme. Až s pribúdajúcim vekom stromov, keď sa tu a tam objavia v listnatej klenbe medzery, na zem preniká dostatok slnka a umožní, aby ju pokryl zelený koberec. V starých bukových lesoch to vyzerá celkom ináč, tu môžu machy využiť prechodné obdobie bez listov zjari a na jeseň. V lete síce nastane tma, ale rastliny sú zvyknuté na obdobia hladu a smädu. Niekedy nezaprší celé mesiace. Prejdite vtedy prstom po machovom vankúšiku – je úplne vyschnutý. Väčšina rastlinných druhov by za týchto podmienok zahynula, nie však machy. Pri najbližších výdatných zrážkach opäť napuchnú – a život ide ďalej.

Ešte skromnejšie sú lišajníky. Drobné sivozelené rastlinky sú ukážkou symbiózy húb a rias. Potrebujú sa zachytiť o podložku a v lese im túto službu poskytujú stromy. Na rozdiel od machov sa šplhajú vysoko po kmeni. Pod listnatou klenbou sa ich extrémne pomalý rast pribrzdí. Často sa im po mnohých rokoch podarí vytvoriť na kôre povlak pripomínajúci pleseň, čo nejedného návštevníka lesa privedie k podozreniu, či stromy nie sú choré. Nie – lišajníky stromom neškodia, pravdepodobne sú im celkom ľahostajné.

Rastlinky vyvažujú svoje slimačie tempo rastu extrémnou dlhovekosťou. Dožívajú sa niekoľko sto rokov, čo dokazuje, že tieto organizmy sa dokonale prispôsobili pomalosti pralesov.

Deti ulice

Aj vy ste sa niekedy čudovali, prečo sekvoje v Európe nerastú do závratných výšok? Mnohé majú aj 150 rokov, ale ani jedna nepresiahne výšku 50 metrov. Vo svojej pôvodnej domovine, napríklad v lesoch pri západnom pobreží Severnej Ameriky, hravo dosahujú dvojnásobnú výšku. Tak prečo sa im nedarí u nás? Keď sa vrátime k stromovým škôlkam a k extrémnej pomalosti v mladom veku, mohli by sme povedať: Veď sú to ešte deti, čo od nich očakávame? S tým však nekorešponduje mohutný priemer kmeňov starších európskych sekvojí, ktorý je často väčší ako 2,5 metra (vo výške hrude). Rásť očividne vedia, ibaže odvádzajú sily opačným smerom.

Vysvetlenie, prečo je to tak, nám poskytujú ich stanovištia. Často sú to mestské parky, kde tieto stromy zasadili ako exotické trofeje panovníkov a politikov. Predovšetkým im chýba les, či presnejšie rodina. Ak berieme do úvahy, že sa môžu dožiť niekoľko tisíc rokov, vo veku spomínaných 150 rokov sú to ešte deti, ktoré vyrastajú bez rodičov ďaleko od domova. Nemajú strýkov, tety ani veselých kamarátov, musia živoriť úplne osamote v šírom poli. A čo ostatné stromy v parku? Azda netvoria akýsi náhradný les a nemôžu sa stať ich náhradnými rodičmi? Spravidla ich zasadili v rovnakom čase, sekvojam teda nemôžu poskytnúť ochranu ani pomoc. Navyše sú si tieto druhy veľmi cudzie. Keby sekvoje vychovávali lipy, duby či buky, bolo by to asi tak, ako keby sme ľudské dojčatá zverili myšiam, kengurám či veľrybám. Nefungovalo by to, preto sa malí Američania musia pretĺkať samy. Nemajú matku, čo by ich dojčila a prísne bdela, aby deti prirýchlo nerástli, neobklopuje ich útulná, vlhká, bezveterná lesná klíma, poznajú iba samotu. A akoby to nestačilo, vo väčšine prípadov rastú v katastrofálne nevhodnej pôde. Prales poskytuje krehkým korienkom hebkú, sypkú, vlhkú zeminu bohatú na humus, ale parky ponúkajú tvrdé a zhustené plochy, vydrancované dlhým mestským osídlením. Verejnosť sa chce navyše k stromom priblížiť, dotýkať sa kôry a odpočívať v tieni koruny. Ustavičné chodenie okolo kmeňov za dlhé roky spôsobí, že pôda ešte viac stvrdne. Preto dážď rýchlo odteká a v zime sa nemôžu vytvoriť zásoby na leto.

Aj samotný spôsob vysadenia sa prejavuje po celý život. Prv než stromčeky presunú z lesnej škôlky na definitívne stanovište, dlhé roky ich rozlične upravujú. Každú jeseň im v záhone obstrihajú korene, aby zostali kompaktné a dali sa neskôr ľahko vykopať. Celkový priemer koreňov, ktorý u trojmetrového stromčeka v prirodzených podmienkach dosahuje asi šesť metrov, zredukujú na približne 50 centimetrov. A aby koruna pri tejto obriezke nezhynula od smädu, tiež ju poriadne skrátia. Neprospieva to zdraviu stromčekov, iba ľahšej manipulácii s nimi. Pri zostrihu, žiaľ, nevynechajú ani štruktúry podobné mozgu vrátane citlivých špičiek koreňov – au! Strom akoby potom stratil orientáciu – nevnára korene do hĺbky, ale vytvára plochý koreňový tanier. Takto dostáva veľmi obmedzený prídel vody a živín.

Toto všetko spočiatku mladé stromčeky zjavne neruší. Napchávajú sa sladkosťami, veď na prudkom slnku v nich prebieha fotosyntéza, len tak praská. Prítomnosť dojčiacej matky za takýchto podmienok možno oželieť. Aj v prvých rokoch sotva cítiť v pôde stvrdnutej na kosť nedostatok vody, záhradníci sa totiž o sadenice vzorne starajú a keď je sucho, polievajú ich. Zato im citeľne chýba prísna výchova! Nedostáva sa im napomenutí ako „pekne pomaly" alebo „vyčkaj ešte 200 rokov", ani trestov v podobe redukcie svetla, keď nerastú pekne rovno. Každý z mladých stromčekov si môže robiť, čo chce. Ako na pretekoch teda šliapu na plyn a každý rok vyháňajú dlhé výhonky. Od určitej výšky sa im detský bonus minie. Polievanie 20-metrových stromov by stálo nesmierne veľa vody a času. Na dôkladné presiaknutie koreňov by záhradníci museli vystriekať z hadice niekoľko kubických metrov vody – na každý strom! Preto sa o ne jedného pekného dňa jednoducho prestanú starať.

Sekvoje si to najprv nevšimnú. Dlhé desaťročia žili v prepychu a robili si, čo sa im zachcelo. Hrubý kmeň sťa tučné brucho svedčí o solárnych žráčskych orgiách. To, že bunky sú vo vnútri veľmi veľké, obsahujú veľa vzduchu, a preto sa ťažko ubránia, keď ich napadnú huby, v mladých rokoch ešte nehrá veľkú úlohu.

Aj bočné haluze svedčia o ich neogabanom správaní. Etiketa pralesa predpisuje v dolnej časti kmeňa tenké či dokonca žiadne vetvičky, no v parku je to neznámy pojem. Vďaka hojnosti svetla od koruny až po korene sekvoje vyháňajú hrubé bočné vetvy, ktoré neskôr tak zväčšia objem, že sa priam natíska prirovnanie s nadopovaným kulturistom. Záhradníci síce odpília vetvy na dolných dvoch až troch metroch, aby umožnili návštevníkom nerušený rozhľad po parku, lenže v porovnaní s pralesom, kde sú hrubšie vetvy povolené až od výšky 20, ba niekedy až 50 metrov, sú to ešte vždy rajské pomery.

V konečnom dôsledku sa vytvorí krátky, hrubý kmeň a všetko nad ním prináleží korune. V extrémnych prípadoch stromy v parkoch tvorí iba koruna. Ich korene siahajú len čosi vyše 50 centimetrov do udupanej pôdy a neposkytujú stromu oporu. Je to veľmi riskantné a pre jedince s normálnou výškou by to bola príliš vratká poloha. Tvar rastu, vzdialený od tvaru rastu stromov v pralesoch, spôsobí, že sekvoje majú veľmi nízko položené ťažisko. Víchrice ich nevyvedú ľahko z rovnováhy, lebo sú relatívne stabilné.

Po prekonaní prvej stovky rokov (stromy práve dosiahli vek školopovinných detí) sa priblíži koniec bezstarostného života. Najvyššie výhonky vysychajú a strom navzdory všetkým pokusom ťahať sa dohora vošiel do konečnej stanice. Vďaka prirodzenej impregnácii voči hubám sa sekvoje môžu aj napriek tvoriacim sa rankám na kôre udržať pri živote ešte mnoho ďalších desaťročí.

Celkom inak sa vodí ostatným druhom stromov. Napríklad buky zle znášajú každé odpílenie hrubých konárov. Pri najbližšej prechádzke po parku majte oči dokorán – sotva nájdete veľké listnaté stromy, ktoré by neboli pristrihnuté, odpílené alebo ináč upravované. Tento „strih" (v podstate je to masaker) často slúži len estetickým kritériám, ktoré napríklad vyžadujú, aby stromy v aleji mali rovnako tvarovanú korunu. Ak korunu pristrihujeme, korene dostanú tvrdý úder. Svojou veľkosťou sú optimálne prispôsobené nadzemným orgánom. Ak odstránime veľkú časť konárov a v dôsledku toho v nich prestane prebiehať fotosyntéza, zahynie od hladu rovnaký percentuálny podiel podzemných častí stromu. Do mŕtvych špičiek a miest rezu na kmeni vniknú huby, ktorým sa v rýchlo vyrastenom vzdušnom dreve nesmierne darí. Už o niekoľko desaťročí, teda v ponímaní stromov veľmi rýchlo, prenikne vnútorná hniloba na povrch. Odumrú veľké časti koruny a mestská správa ich dá zrezať, aby minimalizovala riziko ohrozenia návštevníkov. Na týchto miestach vzniknú ďalšie veľké rany. Náter štepárskym voskom často urýchli rozklad, lebo pod ním je pekne vlhko a to sa hubám páči.

Napokon zostane už len torzo, no ani to nevydrží dlho, jedného dňa ho spília. A keďže mu na pomoc nepriskočí nijaký rodinný príslušník, pník čoskoro definitívne odumrie. O krátky čas zasadia nový strom a dráma sa začne odznova.

Mestské stromy sú lesné deti ulice. Ba poniektoré rastú tam, kde toto označenie pasuje presne, teda rovno na ulici. Prvé desaťročia života sa podobajú svojim súkmeňovcom z parku. Záhradníci sa o ne starajú a rozmaznávajú ich, niekedy ich dokonca pravidelne napájajú špeciálnym vodovodným potrubím. Keď sa im však idú rozrásť korene, nestačia sa čudovať. Pôda pod cestou alebo pod chodníkom je oveľa tvrdšia ako v parku, lebo je zhutnená vibračnými doskami. To je bolestivé, lebo korene lesných stromov zásadne nerastú do veľkej hĺbky. Sotva niektorému druhu sa podarí preniknúť hlbšie než poldruha metra, vo väčšine prípadov sa zastavia oveľa skôr. V lese to nie je problém, veď stromy môžu rásť takmer neobmedzene do šírky. Inak to vyzerá na krajnici. Tu ohraničuje rast vozovka, potrubia pod chodníkom a v priebehu výstavby zhutnená zemina. Niet divu, že na takýchto stanovištiach opakovane dochádza ku konfliktom. Platany, javory či lipy sa pod zemou rady prevŕtavajú do odpadových rúr. Narušenie funkčnosti systému si my ľudia všimneme najskôr pri búrke, keď ulice zaleje voda. Následne zisťujú odborníci pomocou vzoriek koreňov, ktorý strom upchatie spôsobil. Výlet do domnelého raja pod chodníkom sa trestá smrťou – strom vyrúbu a jeho nástupcovi zabránia v opakovaní činu inštalovaním protikoreňových zábran. Ale prečo vrastajú stromy do potrubí? Mestskí inžinieri sa dlho domnievali, že korene magicky priťahuje vlhkosť, presakujúca z netesných spojov, alebo živiny nachádzajúce sa v odpadových vodách. Veľkorysá štúdia Porúrskej univerzity v Bochume však dospela k úplne iným záverom. Korene v potrubiach zostali nad hladinou vody a nezaujímalo ich ani hnojivo. Zaujala ich kyprá zemina, ktorú pri stavebných prácach nedbalo utlačili. Stromy v nej môžu dýchať a majú dosť miesta na rast. Čisto náhodou občas vniknú do izolácie medzi jednotlivými úsekmi potrubia a v nich sa ďalej rozrastajú.[45] V konečnom dôsledku je to teda núdzová reakcia, lebo stromy v osídlených územiach všade narážajú na zem tvrdú ako betón, až napokon nájdu východisko v lajdácky zasypaných výkopoch. Tam sa stanú problémom pre ľudí. Pomoc sa dostáva len potrubiam, ktoré uložia do dôkladne utlčenej pôdy, aby sa tam korene nedostali. Čudujete sa, že pri letných búrkach padá toľko stromov? Ich neduživý podzemný kotviaci systém, ktorý sa vo voľnej prírode rozkladá na ploche vyše 700 štvorcových metrov, neposkytuje stromom vážiacim viac ton na stanovišti scvrknutom na niekoľko percent žiadnu oporu. Tieto húževnaté rastliny však toho musia zniesť oveľa viac. Mestskú mikroklímu ovplyvňuje asfalt a betón, kde sa hromadí horúčava. Zatiaľ čo les sa v horúcom lete na noc ochladí, ulice a budovy vyžarujú teplo, čo udržuje vysokú teplotu vzduchu. Extrémne suchý vzduch je navyše zaťažený mnohými splodinami. Stromom chýbajú aj početní spoločníci, ktorí sa v lese starajú o ich blaho (napríklad mikroorganizmy rozkladajúce humus). Len skromne sú naporúdzi mykorízne huby, ktoré pomáhajú koreňom zhromažďovať vodu a živiny. Mestské stromy sa teda musia za veľmi tvrdých podmienok pretĺkať samy. Akoby toho nebolo dosť, dostáva sa im aj nevítaného hnojenia. Najmä od psov, ktorí dvíhajú nohu pri každom kmeni v okolí. Moč môže rozleptať kôru a zapríčiniť odumretie koreňov. Podobné škody spôsobuje zimná posypová soľ, ktorej množstvo – podľa tuhosti zimy až jeden kilogram na štvorcový meter – zráža na kolená nielen buky. Navyše si ihličie, ktoré v zime zostáva na konároch, musí poradiť so slanou čľapkanicou, vystrekujúcou spod pneumatík automobilov. Desať percent soli skončí vo vzduchu a dopadá aj na stromy, ktorým spôsobuje popáleniny. Bolestivé škody sa prejavujú drobnými žltými a hnedými bodkami na ihličí. Zranenia znižujú schopnosť fotosyntézy počas najbližšieho leta a ihličnany oslabujú.

Slabosť je prístupové heslo pre parazity. Červce a vošky ľahšie zaútočia, lebo pouličné stromy sa dokážu brániť len obmedzene. K tomu sa pridávajú vyššie teploty v zastavaných mestských oblastiach. Horúce letá a teplé zimy poskytujú výhodné podmienky hmyzu, ktorý hromadne prežíva. Veľký rozruch spôsobuje najmä jeden druh hmyzu, lebo ohrozuje aj obyvateľstvo: priadkovček dubový. Keď sa húsenice tohto motýľa nasýtia v korunách, zliezajú v dlhých radoch tesne za sebou po kmeni na zem. Pred predátormi sa skrývajú v hustých pavučinách, kde sa počas rastu zvliekajú z kože. Tieto potvorky sú obávané pre pálivé chĺpky, ktoré sa pri dotyku uvoľnia a zavŕtajú sa do pokožky. Tam podobne ako žihľava vyvolajú svrbenie a spôsobujú vznik pupienkov, ba aj prudkých alergických reakcií. Zvlečená koža pokrytá pálivými chĺpkami zostáva visieť v pavučinách a zachováva si účinnosť aj desať rokov. Výskyt tohto hmyzu môže ľuďom v mestských oblastiach strpčiť celé leto, hoci tento drobček je v tom nevinne. Priadkovček dubový patrí od prírody skôr k zriedkavým druhom. Ešte pred niekoľkými desaťročiami stál na Červenom zozname ohrozených druhov, a teraz sa ho chcú všetci zbaviť. Jeho masový výskyt sa opakovane spomína už vyše 200 rokov. Spolkový úrad ochrany prírody nespája masové rozmnoženie tohto motýľa s klimatickými zmenami a so stúpajúcimi teplotami, ale s lákavou ponukou potravy.[46] Motýle obľubujú teplé, slnkom presvetlené koruny stromov. Uprostred lesa sú zriedkavé, lebo tam rastú duby medzi bukmi len ojedinele a k svetlu sa dostanú maximálne najvyššie špičky konárov. Zato v meste stoja stromy na voľných priestranstvách a celý deň na ne páli teplé slnko – húsenice sa tu cítia výborne. A keďže v ľudských sídlach poskytuje takéto optimálne podmienky hneď celý „les“, niet divu, že dochádza k ich masovému premnoženiu. Je to jasný dôkaz, že duby a ostatné druhy stromov na uliciach a medzi domami zvádzajú ťažký boj.

Celkovo je záťaž mestských stromov taká veľká, že väčšina z nich sa nedožije staroby. Hoci si môžu v mladosti robiť, čo chcú, nikdy to nevyváži všetky nevýhody. Aspoň sa môžu zdôveriť súkmeňovcom, veď neraz ich sadia do tvaru aleje, pozostávajúcej zo stromov rovnakého druhu. Typické sú platany, tie budia pozornosť peknou kôrou, z ktorej sa odlupujú viacfarebné šupiny. Aké vonné posolstvá si deti ulice navzájom posielajú a či je ich tón rovnako drsný ako ich život, si tieto pouličné gangy zatiaľ nechávajú pre seba.

Syndróm vyhorenia

Deti ulice nemajú príležitosť vychutnať si útulnú lesnú atmosféru. Sú viazané na svoje stanovište a preto nemajú inú možnosť. Existujú však čudácke druhy stromov, ktoré si nepotrpia na komfort a sociálne spoločenstvo a zásadne vyhľadávajú samotu. Sú to takzvané pionierske dreviny (to už znie lepšie), ktoré chcú podľa možnosti vyrastať ďaleko od svojej matky. Preto ich semienka dokážu zaletieť do veľkej diaľky. Sú maličké, obalené vatou alebo opatrené drobučkými krídelkami, a silná víchrica ich môže odniesť do mnohokilometrovej vzdialenosti. Ich cieľom je pristáť mimo lesa a objaviť nové životné priestory. Či je to silný zosuv skál, nedávny výbuch sopky s obrovskými sopečnými poliami, zhorené plochy – berú všetko, hlavná vec, že tam nie sú vysoké stromy. A majú dôvod: pionierske dreviny totiž neznášajú tieň. Brzdil by ich v úsilí rásť do výšky, a kto pomaly rastie, má vopred prehrané. Medzi prvými osadníkmi sa rozpútajú preteky o miesto na slnku. K nedočkavým zástupcom tejto skupiny patria rôzne druhy topoľov, napríklad topoľ osikový, ďalej breza previsnutá alebo vŕba rakytová. Ak sa rast mladých bukov alebo jedlí meria v milimetroch za rok, u pionierov je to neraz vyše metra. Preto už po desiatich rokoch šumia vo vetre na plochách ešte nedávno ležiacich úhorom mladé lesy. Väčšina šprintérov už kvitne a svojimi semienkami sa pokúša dobyť nové územia. Môžu obsadiť aj posledné voľné miestečká pôdy v okolí. Voľné plochy sú príťažlivé aj pre bylinožravce, lebo tam nevyužívajú šancu iba stromy, ale aj trávy a byliny, ktoré si v uzavretom lese neprídu na svoje. Tieto rastliny dnes priťahujú srnky a jelene, ale v minulosti priťahovali divé kone, tury a zubry. Trávy si zvykli na ustavičné spásanie, dokonca sú zvieratám vďačné, že požerú aj nebezpečné mladé stromčeky. Mnohé kry, ktoré chcú prerásť trávu, si na obranu proti nenásytným zvieratám vytvorili nebezpečné tŕne. Napríklad trnka obyčajná je taká brutálna, že špicaté výrastky dávno odumretých rastlín prebodnú gumené čižmy, ba aj automobilové pneumatiky, nieto zvieraciu kožu a kopytá.

Pionierske stromy sa snažia brániť inak. Pri rýchlom raste rovnako rýchlo hrubne aj kmeň a obalí sa mohutnou drsnou borkou. U brezy to poznáme podľa toho, že hladká biela kôra popraská a okolo prasklín sa vytvoria čierne okraje. Zuby bylinožravcov zlyhávajú na tvrdej hmote, tkanivo presiaknuté olejmi im navyše nechutí. Táto výbava je príčinou, prečo brezová kôra znamenite horí aj v zelenom stave a výborne sa hodí na zapálenie táboráka (na tieto účely stiahnite iba vonkajšiu vrstvu, aby ste strom neporanili). A kôra nám pripravila ešte jedno prekvapenie. Za bielu farbu vďačí účinnej látke betulín, ktorá tvorí väčšinu kôry. Biela odráža slnečné žiarenie, čo chráni kmeň pred slnečnou páľavou. Okrem toho zabraňuje prehriatiu v teplom svetle zimného slnka, nechránené stromy by pri tom mohli prasknúť. Brezy ako pionierske stromy často rastú samy na šírom poli bez susedov, ktorí by na ne vrhali tieň – a v tomto prípade má takáto výbava zmysel. Betulín má navyše antivírový a antibakteriálny účinok, čo medzičasom využíva už aj medicína – látka sa pridáva do množstva výrobkov určených na starostlivosť o pokožku.[47] Skutočným prekvapením je jeho množstvo. Kto si ako strom vytvára väčšinu kôry z obranných látok, je večne v pohotovosti. Nenatrafíme na starostlivo vyváženú rovnováhu medzi rastom a liečivou silou, všade sa pracuje s maximálnym nasadením. Prečo to takto nerobia všetky druhy stromov? Nebolo by rozumné byť pripravený na útok tak, aby potenciálny útočník vypustil dušu hneď pri prvom zahryznutí? U sociálne žijúcich druhov to nie je treba, lebo každý jedinec má svoje spoločenstvo, ktoré sa v prípade potreby oňho postará, včas ho varuje pred nebezpečenstvom a kŕmi ho v čase choroby a núdze. Šetrí to energiu, ktorú môže venovať drevu, lístiu a plodom.

Lenže breza sa chce prebíjať na vlastnú päsť. Aj ona tvorí drevo, dokonca oveľa rýchlejšie, aj ona sa chce i vie brániť. Odkiaľ berie energiu? Vari u tohto druhu prebieha fotosyntéza účinnejšie ako u ostatných stromov? Nie, jej tajomstvo tkvie v absolútnom vyčerpaní. Brezy sa štvú životom, žijú nad pomery, až sa napokon úplne vysilia. Prv než si posvietime na dôsledky takéhoto životného štýlu, dovoľte, aby som vám predstavil ďalšieho búrliváka – osiku či topoľ osikový. Názov stromu sa odvodzuje od lístia, ktoré sa chveje pri najmenšom závane vetra. A hoci túto vlastnosť v prísloviach spájame so strachom („trasie sa ako osika“), strom nepociťuje strach. Lístie visiace na špeciálnych stonkách poletuje vo vetre, lebo striedavo vystavuje svetlu svoju vrchnú a spodnú stranu. Takto prebieha fotosyntéza na oboch plochách – na rozdiel od iných druhov, kde je spodná časť listov vyhradená na dýchanie. Osiky takto vyrobia viac energie a rastú rýchlejšie ako brezy. Pokiaľ ide o predátorov, topoľ osikový používa celkom inú stratégiu a spolieha sa na vytrvalosť a množstvo. Aj keď ho dlhé roky obžierajú srnky alebo kravy, neprestáva si pomaly rozširovať koreňovú sústavu. Z nej vyháňa tisíce odnoží, z ktorých sa v priebehu rokov stávajú naozajstné húšťavy. Jediný strom takto môže zabrať niekoľko sto štvorcových metrov plochy – a v extrémnych prípadoch oveľa viac. V prírodnej rezervácii Fishlake National Forest v americkom spolkovom štáte Utah sa topoľ osikový rozrástol počas tisícročí na plochu vyše 400 000 štvorcových metrov, pričom vytvoril viac ako 40 000 kmeňov. Drevinu, pripomínajúcu rozsiahly les, pomenovali „Pando" (v latinčine „pandere" znamená „rozšíriť sa").[48] V menšej mierke môžeme tento jav pozorovať aj na domácich lesných a poľných pláňach. Ak je húština dostatočne nepreniknuteľná, jednotlivé kmene môžu pokojne rásť do výšky a behom 20 rokov z nich vyrastú dospelé stromy.

Ustavičný boj a rýchly rast majú však svoju cenu. Po prvých troch desaťročiach nastáva vyčerpanie. Výškové výhonky, kritérium vitality pionierskych druhov stromov, sú čoraz sporejšie. Samo osebe by to nebolo zlé, ale pod topoľmi, brezami a vŕbami sa chystá pohroma. Keďže dovolia prenikať na zem veľkému množstvu nevyužitého svetla, usídľujú sa tam druhy, ktoré prišli po nich. Sú to pomalšie javory, buky, hraby alebo jedle, ktoré aj tak trávia detstvo radšej v tieni. Ten im nedobrovoľne poskytujú pionieri a pritom si podpisujú rozsudok smrti. Tieto preteky môžu iba prehrať. Mláďatá iných stromov ich pomaly dorastajú a o niekoľko desaťročí svojich sponzorov tieňa napokon dostihnú. Tí sú medzičasom vyhorení, totálne vyčerpaní a ustrnú vo výške maximálne 25 metrov. Pre buky a spol. je to nič, hladko prekľučkujú cudzou korunou a poľahky ju prerastú. Keďže tieto tieňomilné druhy dokážu neporovnateľne lepšie zužitkovať svetlo, utláčaným brezám a topoľom ho nezostáva dosť. No ešte sa bránia, najmä breza previsnutá si vytvorila stratégiu, ako si ešte pár rokov udržať od tela otravnú konkurenciu. Jej tenké, dlhé, ovisnuté konáre preberajú funkciu biča a pri najmenšom vetríku začnú okolo seba šibať. Konáre môžu cudzím susediacim druhom stromov poškodiť korunu, pobíjať lístie a výhonky a aspoň na chvíľu pribrzdiť rast. Podnájomníci aj tak jedného dňa brezy a topole prerastú a potom to už netrvá dlho. Snaživci si za niekoľko rokov vyčerpajú aj posledné rezervy, uhynú a rozpadnú sa na humus.

Ale aj bez tejto vynachádzavej konkurencie ostatných druhov sa ich život po pomerne krátkom čase skončí. Keď sa spomalí rast do výšky, ubúda im obranyschopnosť proti hubám. Stačí jeden zlomený konár a vráta sa otvoria. A keďže ich drevo pozostáva z veľkých, narýchlo vyrastených buniek, obsahujúcich veľa vzduchu, pletivo húb sa rýchlo rozšíri a spôsobí rozklad. Kmeň veselo hnije, a keďže pionierske stromy často rastú osamotene na voľných priestranstvách, netrvá dlho a vyvalí ho najbližšia jesenná víchrica. Pre samotný biologický druh to nie je tragédia. Svoj cieľ – čo najrýchlejšie sa rozšíriť, rýchlo dospieť a rozmnožiť sa – dávno dosiahol.

Hurá na sever!

Každé dieťa vie, že stromy nevedia chodiť. No je tiež pravda, že sa musia sťahovať. Lenže ako sa majú sťahovať, keď nevedia chodiť? Riešenie ponúka generačná výmena. Každý strom musí po celý život zotrvať na mieste, kde ako semenáčik zapustil korene. Ale môže sa rozmnožovať a ten krátky čas, kým embryá stromov driemu zabalené v semienkach, sú slobodné. Len čo padnú zo stromu, môže sa začať ich putovanie. A mnohé druhy majú veľmi naponáhlo. Vybavili svoje potomstvo jemnými chĺpkami, aby ho ľahké ako pierko mohol unášať vietor. Druhy, ktoré sa spoliehajú na túto stratégiu, musia vytvárať miniatúrne semienka, aby mali potrebnú ľahkosť. Takéto drobunké lietadielka produkujú topole a vŕby, môžu ich vysielať na viackilometrové diaľkové lety. Výhodu väčšieho akčného rádia si museli vykúpiť nevýhodou, že zrniečka takmer neobsahujú rezervné látky. Klíčiaci semenáčik sa musí uživiť vlastnými silami, preto veľmi citlivo reaguje na nedostatok živín alebo na sucho. O čosi ťažšie sú semená brezy, javora, hrabu, jaseňa a ihličnanov. V kožuchu lietať nemôžu, preto stromy obdarúvajú svoje plody letovými pomôckami. Niektoré druhy, napríklad ihličnaté stromy, si budujú skutočné rotory, ktoré podstatne spomaľujú pád. Ak príde na pomoc víchrica, môžu preletieť aj viac kilometrov. Takúto vzdialenosť v živote neprekonajú druhy s ťažkými plodmi, ako je dub, gaštan alebo buk. Preto sa načisto zriekli akýchkoľvek konštrukčných pomôcok a radšej sa spolčujú so zvieratami. Myši, veveričky a sojky obľubujú olejnaté a škrobovité semená. Ukrývajú si ich do lesnej pôdy ako zásobu na zimu, a potom ich buď nemôžu nájsť, alebo ich nepotrebujú. Zavše sa hladná sova obyčajná postará o to, aby ryšavka žltohrdlá skončila ako potrava. Takto drobné hlodavce prispievajú k rozmnožovaniu stromov, hoci veľmi nepatrne. Zvieratá si neraz ukladajú zimné zásoby rovno pod kmeň mocného buka, ktorého bukvice zbierajú. Medzi koreňovými výhonkami sa vytvárajú malé suché dutinky, ktoré s veľkou obľubou zabývajú živočíchy. Ak sa tam nasťahuje myš, pred vchodom nájdete nakopené vyjedené škrupinky bukvíc. Ďalšie skladiská si zriadi o pár metrov ďalej vo voľnej lesnej pôde. Tieto zásoby vyklíčia po jej smrti najbližšiu jar a položia základy nového lesa.

Ťažkotonážnici prekonajú najdlhšiu trasu s pomocou sojky. Tento vták transportuje žalude a bukvice do niekoľkokilometrovej vzdialenosti. Veverička zvládne len pár stoviek metrov, zatiaľ čo myši si zahrabávajú zásoby najviac desať metrov od stromu. Druhy s ťažkými plodmi veru nie sú najrýchlejšie! Lenže veľké zásoby živín vytvárajú rezervu, vďaka ktorej semenáčik úspešne prežije prvý rok.

V dôsledku toho môžu topole a vŕby oveľa rýchlejšie obsadiť nové teritóriá, napríklad po výbuchu sopky, čo nanovo zamieša karty života a všetko sa začína od nuly. Keďže sa nedožívajú vysokého veku a prepúšťajú na zem veľa svetla, na svoje si prídu aj stromy, ktoré sa usadili pod nimi. Načo sa stromy vlastne sťahujú? Nemôžu jednoducho zostať tam, kde sa cítia pohodlne a príjemne? Objavovanie nových životných priestorov je nevyhnutné najmä preto, lebo klíma sa ustavične mení. Pravdaže, deje sa to celkom pomaličky, ale po mnohých staročiach napriek všetkej tolerancii začne byť niektorému biologickému druhu priveľmi teplo, chladno, sucho alebo vlhko. Vtedy je nútený odísť, a odchod znamená sťahovanie. Takéto sťahovanie práve prebieha aj v našich lesoch. Príčinou nie sú len súčasné klimatické zmeny, ktoré nám nadelili zvýšenie priemernej teploty o 1 °C, ale aj prechod od poslednej doby ľadovej k teplej etape. Veľké zmeny nastávajú najmä počas doby ľadovej. Ak sa niekoľko storočí po sebe stále ochladzuje, niektoré stromy sa musia stiahnuť do južnejších oblastí. Ak sťahovanie prebieha pekne pomaličky po viacero generácií, podarí sa im presídliť do oblasti Stredozemného mora. Ak však ľad napreduje rýchlejšie, zvalcuje lesy a pohltí pomalšie druhy. Tak napríklad pred tromi miliónmi rokov rástol v našich zemepisných šírkach okrem domáceho buka lesného aj buk veľkolistý. A zatiaľ čo buk lesný zvládol sťahovanie do južnej Európy, pomalší buk veľkolistý u nás vymrel. Okrem iného to zavinili Alpy. Predstavujú prirodzenú bariéru, ktorá zahradila stromom únikovú cestu. S cieľom prekonať ju sa museli najprv usadiť na vysočinách a následne zísť do údolí. Lenže vyššie polohy sú aj v teplých etapách veľmi studené a osud mnohých druhov bol spečatený tesne pod hranicou lesa. Buky veľkolisté nájdeme už len na východe Severnej Ameriky. Tamojšie stromy prežili, lebo na tomto kontinente sa z východu na západ netiahnu nijaké pohoria, ktoré by fungovali ako závora. Stromom nič nebránilo odkloniť sa na juh a po skončení doby ľadovej sa znova rozšíriť na sever.

Nášmu buku lesnému a niektorým ďalším druhom stromov sa však podarilo Alpy obísť a prežiť na chránených miestach až do dnešnej teplej etapy. Týchto niekoľko druhov malo v posledných tisícročiach voľnú cestu a dodnes postupujú na sever, vlastne stále v šľapajach topiaceho sa ľadu. Bezprostredne po oteplení dostali klíčiace semenáčiky novú šancu, vyrástli z nich dospelé stromy, ktoré rozsiali čerstvé semená a tie kilometer po kilometri prenikali na sever. Mimochodom, priemerná rýchlosť takéhoto presunu je 400 metrov – za rok! Buky lesné sú nesmierne pomalé. Sojky neprenášajú ich semená tak často ako dubové, iné druhy zasa prenáša vietor a kolonizujú voľné plochy ešte rýchlejšie. Keď sa komótny buk lesný približne pred 4 000 rokmi vrátil domov, les už obsadili duby a liesky. Buku to neprekážalo, veď jeho stratégiu už poznáte. Znesie neporovnateľne viac tieňa ako iné stromy a môže im bez problémov klíčiť pod nohami. Zvyšok svetla, ktorý duby a liesky prepúšťali na zem, malým dobyvateľom na nepretržitý rast stačil, až jedného dňa prerazili cez koruny svojich konkurentov. Stalo sa, čo sa malo stať. Buky prerástli predošlé druhy stromov a uchmatli im životné svetlo. Nemilosrdný víťazný postup na sever sa dostal až po južné Švédsko, no ešte stále mu neodzvonilo. Alebo by mu neodzvonilo, keby doň nezasiahol človek. S príchodom buka začali naši predkovia vo veľkom meniť lesný ekosystém. Vyklčovali všetky lesy okolo svojich sídiel, aby urobili miesto poľnohospodárstvu. Uvoľnili ďalšie plochy pre dobytok, a keďže to stále nestačilo, nahnali dobytok a ošípané do lesa. Pre buky to bola katastrofa, lebo ich potomstvo staročia živorilo pri zemi a až následne mohlo začať rásť. V tomto období sú puky na vrchole koruny bezbranne vystavené bylinožravcom. Pôvodne tu bolo extrémne málo cicavcov, lebo takýto les poskytuje málo potravy. Kým sa objavil človek, strom mohol pokojne vyčkávať aj 200 rokov a mal veľkú šancu, že ho nikto nevyruší ani nezožerie. Lenže potom začali prichádzať pastieri s hladnými stádami dobytka a tie sa vrhali na chutné púčiky. V lesných porastoch presvetlených výrubom, kde predtým dominoval buk, sa presadili iné druhy stromov. To podstatne ovplyvnilo sťahovanie bukov – niektoré oblasti neosídlili dodnes. V posledných storočiach pribudli poľovačky, v dôsledku ktorých sa stavy jelenej, diviačej a srnčej zveri paradoxne zvýšili. Masívnym prikrmovaním zo strany poľovníkov, ktorí majú záujem najmä o rozmnoženie samčích nositeľov parožia, stavy zveri narástli na päťnásobok prirodzenej úrovne. V nemeckej jazykovej oblasti je v súčasnosti jedna z najvyšších hustôt bylinožravcov v celosvetovom meradle, preto to mladé buky majú ťažšie ako kedykoľvek predtým. Aj lesné hospodárstvo obmedzuje šírenie stromov. Napríklad v južnom Švédsku strieda jedna smreková a borovicová plantáž druhú, a to na miestach, kde je vlastne doma buk. Okrem ojedinelých exemplárov tam síce nerastie, ale je v pohotovosti. Len čo človek prestane zasahovať, buk bude pokračovať v sťahovaní na sever.

Najpomalší pútnik je jedľa biela, náš jediný domáci druh jedle. Za svoje meno vďačí svetlosivej kôre, ktorou sa jasne odlišuje od smreka (ten má červenohnedú kôru). Dobu ľadovú prečkala jedľa biela v južnej Európe, pravdepodobne v Taliansku, balkánskych krajinách a v Španielsku, podobne ako väčšina druhov stromov.[49] Odtiaľ putovala za ostatnými, lenže iba rýchlosťou 300 metrov za rok. Smreky a borovice jej utiekli, lebo ich semená sú oveľa ľahšie a vedia lepšie lietať. Dokonca aj buk s ťažkými bukvicami bol vďaka sojkám rýchlejší. Jedľa biela si zjavne zvolila nesprávnu stratégiu, lebo jej zrnká napriek malej plachietke nevedia dobre lietať a na rozširovanie vtákmi sú primalé. Niektoré druhy vtákov sa síce živia jedľovými semenami, ale ihličnanom to veľmi nepomáha. Orešnica perlavá väčšmi obľubuje semená borovice limbovej, ale zbiera aj jedľové semienka a ukladá si ich do zásoby. Na rozdiel od sojky, ktorá ukrýva žalude a bukvice do pôdy po celom lese, orešnica uskladňuje zásoby na chránených suchých miestach. Aj keď ich tam zabudne, pre nedostatok vlahy nevyklíčia. Jedle biele to teda majú veľmi ťažké. Zatiaľ čo väčšina domácich druhov stromov prenikla až do Škandinávie, jedľa biela sa dostala iba do pohoria Harz. Ale čo je pre stromy niekoľkostoročné meškanie? Jedle dobre znášajú hlboký tieň a rastú dokonca aj pod bukmi. Tak sa pomaly prepletajú cez jestvujúce staré lesy a jedného dňa z nich vyrastú mocné stromy. Achillovou pätou jedle bielej je lahodná chuť jej mladých semenáčikov – srnky a jelene bránia jej ďalšiemu rozšíreniu, lebo na mnohých miestach požerú všetko potomstvo.

Prečo má buk v strednej Európe takú silnú konkurenciu? Alebo inak: Keď sa vie tak dobre presadiť voči všetkým ostatným druhom, prečo sa nerozšíril po celom svete? Odpoveď je jednoduchá. Jeho silné stránky vyniknú len v takých klimatických podmienkach, aké u nás vytvára relatívne blízky Atlantický oceán. Teploty sú veľmi vyrovnané, ak odhliadneme od pohorí (buky sa vo vysokých polohách nevyskytujú). Studené letá sa striedajú s miernymi zimami a zrážky s 500 až 1 500 milimetrami za rok sú presne také, aké buky obľubujú. Jedným z kľúčových faktorov rastu lesov je voda, a tu buky bodujú. Na výrobu jedného kilogramu dreva spotrebujú 180 litrov vody. Zdá sa to veľa? Väčšina ostatných stromov potrebuje takmer dvojnásobok (až 300 litrov), a to je rozhodujúce pre ich schopnosť rýchlo rásť a vytláčať iné druhy. Smreky sú pijani od prírody, lebo v studených a vlhkých oblastiach ďalekého severu, kde sa cítia dobre, je nedostatok vody cudzí pojem. U nás v strednej Európe vytvárajú takéto podmienky len vysoké polohy tesne pod hranicou lesa. Tam veľa prší a pre nízke teploty sa takmer nič nevyparí. Tu si možno dovoliť plytvať vodou. Vo väčšine nižšie položených oblastí však boduje šetrný buk, ktorý sa aj počas suchých rokov usilovne ťahá do výšky a rýchlo prerastá cez hlavu márnotratníkom. Potomstvo konkurencie sa udusí v hrubých vrstvách lístia na zemi, cez ktoré semenáčiky bukov bez problémov prerazia. Vďaka extrémne nízkej spotrebe svetla, akú nemá nijaký iný druh stromu, schopnosti tvoriť vlastnými silami vhodnú mikroklímu s vlhkým vzduchom, budovať si dobré zásoby humusu v pôde a hromadiť v konároch vodu je buk v našich končinách momentálne neporaziteľný. Ale iba v našich končinách. V kontinentálnejších podmienkach to má buk ťažké. Neustále horúce a suché letá a mrazivé zimy dlho nevydrží a musí ustúpiť iným druhom, napríklad dubu. Takéto podmienky panujú vo východnej Európe. Škandinávske letá ešte ujdú, ale studené zimy bukom nevyhovujú. Na slnečnom juhu osídľujú iba vyššie polohy, kde nie je taká horúčava. Buk so svojimi klimatickými nárokmi teda momentálne zakotvil v strednej Európe. Klimatické zmeny však spôsobujú oteplenie aj na severe, a tak sa v budúcnosti bude môcť rozšíriť aj týmto smerom. Súčasne mu začne byť na juhu príliš teplo a oblasť jeho rozšírenia sa posunie na sever.

Pevný ako skala

Prečo sa stromy dožívajú takého vysokého veku? Mohli by to predsa robiť ako byliny: Počas teplého polroka by rástli na plný plyn, zakvitli, vytvorili semená a potom sa premenili na humus. To by im prinieslo nespornú výhodu. Každá generačná výmena dáva šancu genetickým zmenám. Mutácie najlepšie vznikajú pri párení alebo oplodnení a v stále sa meniacom prostredí je schopnosť adaptácie životne dôležitá. Napríklad myši sa množia každých pár týždňov a muchy sú ešte rýchlejšie. Pri takýchto dedičných pochodoch sa podchvíľou pritrafia poškodenia génov, ktoré v šťastlivom prípade prinesú voľajakú výnimočnú vlastnosť. V skratke to nazývame evolúcia. Pomáha prispôsobiť sa premenlivým životným podmienkam, a preto je garantom prežitia druhu. Čím kratší je generačný cyklus, tým rýchlejšie sa môžu zvieratá a rastliny prispôsobiť. Stromy však očividne kašľú na túto vedecky potvrdenú nevyhnutnosť. Jednoducho sa dožívajú vysokánskeho veku, v priemere viacero storočí, zavše dokonca tisícročí. Pravdaže sa aj rozmnožujú, a to minimálne raz za päť rokov, ale skutočný dedičný proces u nich často nenastupuje. Čo je stromu platné, keď vyprodukuje stotisíc potomkov, a tie nenájdu jediné voľné miestečko? Kým vlastná matka vychytáva takmer všetko svetlo, nedeje sa pod ňou prakticky nič – o tom som už písal vyššie. Dokonca aj vtedy, keď majú mláďatá stromov geniálne nové znaky, často musia čakať celé stáročia, kým prvý raz zakvitnú a odovzdajú svoje gény. U stromov to jednoducho ide veľmi pomaličky. A to by za normálnych okolností neobstálo.

Keď nazrieme do nedávnej histórie klimatických pomerov, presvedčíme sa, že je poznačená mohutnými vzostupmi a pádmi. Ich impozantnosť sme pochopili na istom stavenisku neďaleko Zürichu. Robotníci natrafili na pomerne čerstvé pne, ktoré najprv bez povšimnutia odtiahli nabok. Potom ich objavil bádateľ, odobral z nich vzorky a dal zistiť ich vek. Výsledok: Kmene pochádzali z borovíc, ktoré tam rástli pred takmer 14 000 rokmi! Ešte udivujúcejšie boli teplotné výkyvy vtedajšej doby. V priebehu púhych 30 rokov poklesla teplota o 6 °C a hneď nato rovnako prudko stúpla. To zodpovedá katastrofickému scenáru aktuálnych klimatických zmien, ktoré nás čakajú do konca tohto storočia. Už predošlé storočie bolo pre prírodu ťažké: ukrutne studené štyridsiate roky, rekordne suché sedemdesiate roky, neznesiteľne horúce deväťdesiate roky. Stromy to znášali stoicky z dvoch dôvodov. Vyznačujú sa vysokou klimatickou toleranciou. Napríklad náš domáci buk rastie od Sicílie až po južné Švédsko – a tieto oblasti nemajú okrem písmena S v názve naozaj nič spoločné. Aj brezy, borovice a duby sú veľmi prispôsobivé. Napriek tomu by to na uspokojenie všetkých ich požiadaviek nestačilo. S kolísaním teplôt a zrážok sa mnohé druhy živočíchov a rastlín sťahujú z juhu na sever a opačne. A to znamená, že stromy si okrem iného musia zvykať na neznáme parazity. Klíma sa navyše môže zmeniť do takej miery, že to prekročí rámec únosnosti. A keďže stromy nemajú nohy, nemôžu utiecť ani nikoho požiadať o pomoc – musia sa s tým vyrovnať. Prvá možnosť sa im ponúka v najranejšej fáze života. Keď tesne po oplodnení v kvete dozrievajú semená, vedia už reagovať na okolité podmienky. Ak je mimoriadne teplo a sucho, aktivujú sa príslušné gény. V prípade smreka je dokázané, že jeho semenáčiky sú dnes v týchto podmienkach tolerantnejšie na teplo ako doposiaľ. Lenže stromčeky súčasne v rovnakej miere strácajú odolnosť voči mrazu.[50] Ale aj dospelé stromy vedia reagovať. Ak vydržia obdobie sucha s nedostatkom vody, v budúcnosti zaobchádzajú s vlahou výrazne opatrnejšie a nevysajú z pôdy všetku vodu už počiatkom leta. Lístie a ihličie sú orgány, cez ktoré sa vyparuje väčšina vody. Ak strom postrehne nedostatok vody a smäd sa stane trvalým problémom, vytvorí sa mu „hrošia koža". Ochranná vosková vrstva na hornej strane listov zhrubne a vrchné uzatváracie bunky, ktoré majú aj tesniacu funkciu, sa viacnásobne navrstvia na seba. Strom sa tak zabezpečí proti úniku vody, zato sa mu horšie dýcha.

Ak strom svoj repertoár vyčerpá, vstupuje do hry genetika. Ako som už spomenul, generačná výmena u stromov trvá extrémne dlho. Rýchla adaptácia ako jedna z možných reakcií teda odpadáva. No je aj iná možnosť. V prirodzenom lese sa dedičná výbava stromov rovnakého druhu od seba značne líši. Na rozdiel od stromov sme si my ľudia geneticky veľmi podobní, z evolučného hľadiska sme všetci príbuzní. No buky v miestnom lesnom poraste sú si geneticky také vzdialené ako odlišné druhy živočíchov. Preto má každý strom úplne rozdielne vlastnosti. Niektoré si lepšie poradia so suchom než s chladom, iné majú vysokú odolnosť voči hmyzu, ďalšie sú mimoriadne odolné voči premočenej pôde. Keď sa prírodné podmienky zmenia, postihne to v prvom rade jedince, ktoré sa s nimi najťažšie vyrovnávajú. Niektoré staré stromy uhynú, ale veľká väčšina lesa zostáva zachovaná. Ak sa podmienky ešte pritvrdia, môže to postihnúť väčšiu časť stromov, ale nedôjde k tragédii. Väčšinou zvýši dostatočne veľký lesný porast na vytvorenie hojnosti plodov a tieňa pre nasledujúce generácie. Pre staré dubové lesné porasty v mojom revíri som na základe dostupných vedeckých údajov kedysi vyrátal, že keby u nás v Hümmeli nastali klimatické pomery ako v Španielsku, prevažná väčšina stromov by si s nimi poradila. Jediným predpokladom je, že výrubom stromov sa nesmie narušiť sociálna štruktúra lesa, aby dokázali ďalej regulovať svoju mikroklímu.

Búrlivé časy

V lese nebeží všetko podľa plánu. Hoci je to nesmierne stabilný ekosystém a často sa v ňom celé stáročia neudejú žiadne významné zmeny, prírodná katastrofa môže pôsobiť ako úder päsťou. Zimné víchrice som už spomínal. Keď takémuto orkánu padnú za obeť celé ihličnaté lesy, spravidla sa to týka umelých smrekových a borovicových lesov. Stromy často rastú na poškodenej pôde zhutnenej strojmi, korene si cez ňu nedokážu prekliesniť cestu, a preto sa nemajú čoho chytiť. Navyše ihličnany vyrastajú omnoho vyššie u nás ako v pôvodnej domovine na severe Európy a ponechávajú si ihličie aj v zime. Výsledkom je veľká plocha, do ktorej sa opiera vietor, a to sa ešte spája s účinkom páky dlhého kmeňa. Ak ich slabé korene nie sú stabilné, nie je to katastrofa, ale logický dôsledok.

Pri niektorých víchriciach však utrpia lokálne škody aj prirodzené lesy. Sú to tornáda, keď zvírený vietor v priebehu sekúnd mení smer a stromy sa mu nedokážu ubrániť. Často sa vyskytujú spolu s búrkami, ktoré v našich zemepisných šírkach zúria takmer výlučne v lete. Vtedy vstupuje do hry ešte jeden faktor: Listnaté stromy majú v tomto období na konároch lístie. V mesiacoch, keď sa víchrice „normálne" vyskytujú, teda v októbri až marci, majú buky a spol. holé konáre, pripravené odolávať vetru.

Ale v júni alebo v júli stromy nerátajú s problémami tohto druhu. Ak v lese besnie tornádo, zovrie koruny a svojou surovou silou ich doslova odkrúti. Roztrieštené zvyšky kmeňov sa týčia ako pamätníky na atmosférický útok a ešte dlho pripomínajú moc prírodných síl.

Lenže tornáda sa vyskytujú veľmi zriedkavo, preto sa stromom z evolučného hľadiska zrejme neoplatí vytvoriť si vlastnú obrannú stratégiu. Oveľa častejšie pri búrkach dochádza k iným škodám – pod náporom prudkého dažďa sa rúcajú celé koruny. Keď v priebehu niekoľkých minút dopadnú na listy obrovské vodné masy, strom musí zvládnuť nesmiernu záťaž. Listnaté stromy na to nie sú pripravené. Typická nebeská smršť väčšinou prichádza v zime v podobe snehu, a ten pekne prepadne pomedzi konáre, lebo lístie v tom čase už leží na zemi. V lete tento problém nehrozí a bežné zrážky poľahky zvládne buk aj dub. Ak je strom normálne urastený, dokonca ani lejak nepredstavuje problém. Do úzkych sa dostáva až vtedy, keď má nesprávne urastený kmeň alebo konáre. Typická nebezpečná konštrukčná chyba konárov je takzvaný oblúkovitý konár, ktorý má v názve ukrytý aj svoj program – obyčajná haluz rastie do oblúka. Vyrastá z kmeňa, chvíľku sa ťahá do výšky, potom sa skláňa do vodorovnej polohy a napokon sa zľahka zvažuje. Takto dobre dokáže odpružiť záťaž zhora a nezlomí sa. To je mimoriadne dôležité, lebo u starších stromov môžu vetvy dosahovať dĺžku viac ako 10 metrov. Pritom sa vytvára enormná sila páky, ktorá tlačí na východiskové miesto na kmeni. Mnohé stromy sa napriek tomu zjavne nechcú pridŕžať osvedčenej schémy. V ich prípade smerujú vetvy spočiatku od kmeňa, potom oblúkom mieria nahor a zachovávajú si tento smer. Ak sa takáto konštrukcia ohne nadol, namiesto odpruženia sa zlomí, lebo dolné tkanivá (vo vonkajšom oblúku) sa vyvrátia a vnútorné sa prepnú. Zavše je podobne chybne vystavaný celý kmeň a takíto kandidáti sa v búrkovom daždi zlomia. Koniec koncov je to dôsledok nemilosrdného výberu, ktorý vyraďuje z hry výstredné stromy.

Tlak zhora je občas neznesiteľný, ale nie vždy sú na vine výlučne stromy. V mesiacoch marec a apríl sa sneh zväčša mení z ľahkého páperia na ťažkú hmotu. Podľa veľkosti vločiek môžete odhadnúť, kedy začne byť nebezpečný. Ak dosiahnu veľkosť dvojeurovej mince, nastáva kritická situácia. Ide o takzvaný mokrý sneh, ktorý obsahuje veľa vody a je veľmi lepkavý. Pevne oblepí konáre, nepadá dole a znamená hrubé, ťaživé bremeno. Aj na veľkých a mocných stromoch sa poláme veľa konárov. Ešte tragickejšie to dopadne s dorastajúcimi stromami. Stoja v zálohe, vytiahnuté, s malými korunami, a snehová masa ich buď zlomí alebo natoľko zohne, že sa viac nevyrovnajú. Na rozdiel od nich nízke stromčeky nie sú ohrozené, lebo majú prikrátke pníky. Pri najbližšej prechádzke v lese si všimnite, že práve medzi stredne starými stromami nájdete veľa takých, ktoré podobný poveternostný jav beznádejne skrivil.

Podobne ako sneh, ibaže neporovnateľne romantickejšie pôsobí inovať. Minimálne na nás ľudí, lebo vegetácia vyzerá ako posypaná cukrovými kryštálikmi. Keď sa zídu mínusové teploty a hmla, jemné kvapôčky sa pri dotyku s konárom alebo s ihličím okamžite usadia. Po niekoľkých hodinách je biely celý les, hoci nespadla jediná snehová vločka. Ak táto poveternostná situácia pretrváva viac dní, v korunách sa môžu usadiť stovky kilogramov námrazy. Keď napokon cez dieru v hmle vykukne slniečko, stromy sa ligocú ako v rozprávke. V skutočnosti však vzdychajú pod ťarchou a začínajú sa nebezpečne ohýbať. Beda tomu, kto má v dreve slabé miesto! Zaznie suché zapraskanie, rozľahne sa lesom ako výstrel z pištole a koruna padá na zem.

Takáto poveternostná situácia sa vyskytuje v priemere každých desať rokov, čo pre strom znamená, že jej musí čeliť približne päťdesiatkrát v živote. Hrozí mu o to väčšie nebezpečenstvo, o čo menej je integrovaný v spoločenstve súkmeňovcov. Samotárov, nechránene stojacich v studenom hmlistom vzduchu, to postihne určite častejšie ako dobre prepojené jedince v hustom lese, ktoré sa môžu spoľahnúť na susedov. Mrazivý vzduch im prečeše najskôr koruny a hrubý nános ľadu sa vytvorí nanajvýš na špičkách konárov.

Počasie má v rukáve aj ďalšie esá, napríklad blesky. Možno poznáte starú ľudovú múdrosť o búrke v lese: „Dubom sa vyhýbaj, buky vyhľadávaj". Zakladá sa na tom, že na kmeni nejedného hrčovitého duba nájdeme viaccentimetrovú ryhu od blesku s hlboko do dreva puknutou kôrou. Na bukových kmeňoch som také čosi nikdy nevidel. Lenže z toho vyplývajúci záver, že blesky do buka neudierajú, je rovnako nesprávny ako nebezpečný. Mohutné staré buky neposkytujú ochranu pred bleskom, ten do nich udiera rovnako často. Dôvod, prečo im nezostanú trvalé následky, spočíva najmä v ich hladkej kôre. Pri búrke prší a zrážky stekajúce po nezbrázdenom kmeni vytvárajú súvislý film. Elektrina sa odvádza po povrchu, lebo voda vedie prúd oveľa lepšie ako drevo. Na rozdiel od bukov majú duby drsnú kôru. Stekajúca voda vytvára drobučké kaskády a v stovkách mini vodopádov kvapká na zem. Elektrina z blesku sa ustavične prerušuje, najmenší odpor jej kladie vlhké drevo vonkajších letokruhov, ktoré zodpovedá za transport vody v strome. Pod veľkým náporom energie náhle praskne a ešte aj po rokoch ukazuje svetu, čo sa stromu prihodilo.

Dovezené severoamerické duglasky majú podobne hrubú štruktúru kôry. Lenže ich korene sa zdajú omnoho citlivejšie. Vo svojom revíri som už dvakrát zaznamenal, že neodumrel iba postihnutý strom, ale rovnaký osud po údere blesku stihol aj jeho desať ďalších súkmeňovcov v okruhu 15 metrov. Zrejme boli pod zemou spojené s obeťou búrky a v tomto prípade od nej nedostali cukrový roztok, ale smrteľnú dávku energie.

Počas búrky s mohutnými výbojmi sa môže prihodiť ešte niečo iné: vypuknúť požiar. Zažil som to raz uprostred noci, keď hasiči vyrazili do obecného lesa uhasiť drobný oheň. Schytal to starý dutý smrek, plamene v jeho vnútri boli chránené pred padajúcim dažďom a v spráchnivenom dreve si nerušene blčali. Hasiči rýchlo všetko uhasili, ale aj bez ich pomoci by sa nič hrozné nestalo. Les navôkol bol úplne zmáčaný, rozšírenie ohňa na ostatný lesný porast bolo veľmi nepravdepodobné. Požiare v našich domácich lesoch príroda vlastne neplánovala. Kedysi prevládajúce listnaté stromy sa nedajú zapáliť, lebo ich drevo neobsahuje živice ani éterické oleje. Preto si nijaký druh stromu nevybudoval mechanizmus, ktorý by reagoval na horúčavu. Taký mechanizmus však existuje, dokazujú to duby korkové v Portugalsku a v Španielsku. Pred horúčavou prízemných požiarov ich chráni hrubá kôra, ktorá umožňuje pod ňou ukrytým púčikom znova vypučať.

V našich zemepisných šírkach môžu podľahnúť ohňu iba monotónne smrekové a borovicové plantáže, ktorých popadané ihličie je vysušené na popol. Prečo ihličnaté stromy hromadia v ihličí toľko horľavých látok? Požiare v ich prirodzenej oblasti výskytu sú predsa na dennom poriadku, preto by mali byť málo horľavé. Švédske smreky v Dalarne sa môžu dožiť závratného veku nad 8 000 rokov, a to by veru nedosiahli, keby ich približne každých 200 rokov pohltil oheň. Myslím si, že za takéto ničenie lesov sú zodpovední nepozorní ľudia – už celé tisícročia nechávajú bez dohľadu oheň, na ktorom si pripravujú jedlo. Údery blesku, ktoré skutočne zapríčinili drobné lokálne požiare, boli také zriedkavé, že európske druhy stromov sa na ne nepripravili. Pri správach o lesných požiaroch venujte pozornosť ich príčinám. V tejto súvislosti vyšetrovatelia zväčša pátrajú po ľudských pôvodcoch.

Menej nebezpečný, ale o to bolestivejší je fenomén, o ktorom som dlho nevedel ani ja. Naša horáreň stojí na horskom chrbte vo výške takmer 500 metrov a potoky v hlbokých okolitých údoliach lesu nijako neškodia, práve naopak. V prípade veľkých riek je to naopak. Pravidelne sa vylievajú z brehov, preto pozdĺž nich vznikli špeciálne ekosystémy: lužné lesy. Od intenzity a frekvencie povodní závisí, aké druhy stromov v okolí zakotvia. Ak voda rýchlo tečie a zaplavuje územie viaceré mesiace v roku, charakter brehu určujú vŕby a topole. Tie znesú dlhé máčanie vo vode. Lužné lesy z týchto mäkkých drevín nájdeme zväčša blízko rieky. Vo väčšej vzdialenosti a často o niekoľko metrov vyššie býva povodeň zriedkavejšie, na jar, keď sa topia snehy, voda vytvára veľké jazerá a tečie pomaly. Zväčša ustúpi, kým vypučí lístie, a s takýmito pomermi si vedia poradiť duby a bresty. Patria k tvrdým drevinám lužných lesov a tento ekosystém, na rozdiel od vŕb a topoľov, veľmi citlivo reaguje na letné povodne. Vtedy môžu tieto inak robustné stromy uhynúť, lebo sa im udusia korene.

Naozajstné bolesti im rieka spôsobuje v zime. Na exkurzii po lužných lesoch s tvrdými drevinami na strednom toku Labe mi padla do oka odlúpnutá kôra na lesných kmeňoch. Všetky škody sa nachádzali v rovnakej, približne dvojmetrovej výške. Také niečo som v živote nevidel a lámal som si hlavu, čo to mohlo spôsobiť. Podobne na tom boli aj ostatní účastníci exkurzie. Záhadu odhalil až pracovník biosférickej rezervácie. Zranenia spôsobil ľad. Keď Labe počas mimoriadne studených zím zamrzne, vytvoria sa hrubé ľadové kryhy. Keď sa na jar vzduch aj voda zohrejú, kryhy hnané záplavami sa dostanú medzi duby a bresty a narážajú do kmeňov. A keďže hladina je všade rovnako vysoká, rany na všetkých stromoch sa nachádzajú v rovnakej výške.

V dôsledku klimatických zmien bude zimná ľadová prikrývka na Labe čoskoro patriť minulosti. Ale jazvy na kmeňoch starších stromov, ktoré od začiatku 20. storočia zažili všemožné rozmary počasia, budú o týchto udalostiach ešte dlho svedčiť.

Noví občania

Sťahovanie stromov svet ustavične mení. Netýka sa to iba lesa, mení sa celá príroda. Preto ľudské pokusy o konzerváciu určitých oblastí v mnohých prípadoch zlyhávajú. To, čo vidíme, je vždy len krátka epizóda zdanlivého pokoja. V lese je táto ilúzia takmer dokonalá, stromy patria k najpomalším súčasníkom nášho prostredia, preto zmeny v prirodzených lesoch možno pozorovať len po mnohé ľudské generácie. Jednou z takýchto zmien je vznik nového druhu. Niekdajší bádatelia prinášali z výskumných ciest do vlasti dary v podobe rastlín, moderné lesníctvo navyše vo veľkom štýle importuje druhy stromov, ktoré by k nám cestu nikdy samy nenašli. Názvy ako „duglaska tisolistá", „smrekovec japonský" alebo „jedľa obrovská" nenájdete v nijakej ľudovej piesni ani básni, lebo v našej sociálnej pamäti nie sú zakotvené. Títo prisťahovalci majú v lese špeciálne postavenie. Na rozdiel od prirodzene migrujúcich druhov stromov k nám prišli bez svojho typického ekosystému. Doviezli sme len semená, väčšina húb a hmyzu z ich starej vlasti ostala doma. Duglasky a spol. začali u nás celkom od začiatku. To môže priniesť veľké výhody. Choroby spôsobené parazitmi chýbajú úplne – minimálne v prvých desaťročiach. Porovnateľnú situáciu zažívajú ľudia v Antarktíde. Vzduch je takmer bez choroboplodných zárodkov a bez prachu, teda ideálny pre alergikov, len keby tento kontinent nebol taký odľahlý. Je to čosi ako veľká oslobodzovacia akcia, stromy s našou pomocou menia svetadiely. Partnerské huby pre svoje korene nachádzajú medzi druhmi, ktoré nie sú špecializované na konkrétne stromy. V európskych lesoch za veľmi krátky čas pri plnom zdraví vyrastú na velikánov. Niet divu, že budia dojem, akoby získali prevahu nad domácimi druhmi. Na niektorých stanovištiach to tak veru vyzerá. Prirodzene sťahovavé druhy stromov môžu zapustiť korene len tam, kde sa cítia stopercentne dobre. Vyhovovať im musí nielen klíma, ale aj druh pôdy a stupeň vlhkosti, aby sa mohli presadiť voči doterajším vládcom lesa. V prípade stromov, ktoré sme do lesa priniesli my ľudia, je to ako ruleta. Neskoro kvitnúca čremcha obyčajná je listnatý strom zo Severnej Ameriky, ktorý tvorí nádherné kmene a najlepšie drevo. Nepochybujeme, že aj európski lesníci ju radi privítali vo svojich lesoch. Lenže po niekoľkých desaťročiach nastalo vytriezvenie. V novej vlasti rastú tieto stromy ohnuté a krivé, ledva dosiahnu výšku 20 metrov. Takto vegetujú najmä pod borovicami vo východnom a v severnom Nemecku. Upadli do nemilosti, no zbaviť sa ich nedarí, lebo srnky a jelene odmietajú ich horké výhonky. Namiesto nich radšej obhrýzajú buky a duby, alebo v prípade núdze borovice. Neskoro kvitnúcu čremchu obyčajnú tak zbavia dotieravej konkurencie a nová občianka sa môže šíriť na čoraz rozsiahlejšie územia. Duglaska by tiež vedela rozprávať o neistej budúcnosti. Po vyše 100 rokoch pestovania z nej na mnohých miestach vyrástli pôsobiví velikáni. Iné lesy však museli kompletne vyrúbať, ako som sa presvedčil počas svojej ročnej praxe. Po necelých 40 rokoch začal odumierať duglaskový lesík. Vedci si dlho lámali hlavu, čo to spôsobilo. Huby to neboli a hmyz tiež neprichádzal do úvahy. Napokon sa ukázalo, že na vine je pôda s nadbytkom mangánu. Ten duglasky očividne neznášajú. Duglasky ako také vlastne neexistujú, veď do Európy sme priviezli veľa poddruhov s úplne rozdielnymi vlastnosťami. Tie, ktoré pochádzajú z pobrežia Tichého oceánu, sa k nám hodia najlepšie. Ich semená však zmiešali so semienkami vnútrozemskej duglasky, ktorá rastie ďaleko od mora. Aby to bolo ešte zložitejšie, oba poddruhy veselo krížili a vzniklo potomstvo s úplne nepredvídateľnými vlastnosťami. Žiaľ, či sa stromy cítia dobre, sa často ukáže, až keď dosiahnu vek aspoň 40 rokov. Ak sa majú dobre, zostane im výrazné modro-zelené ihličie a hustá, nepriehľadná koruna. Miešancom, ktorí majú priveľa vnútrozemských génov, začne z kmeňa vytekať živica a zredne im ihličie. Koniec koncov je to len pomerne neľútostná korektúra prírody. Geneticky nevhodný materiál sa vytriedi, dokonca aj keď proces trvá dlhé desaťročia.

Naše domáce buky by mohli týchto votrelcov poľahky vytlačiť. Spoliehajú sa pritom na rovnakú stratégiu ako v boji proti dubom. Po dlhé staročia pomáha bukom vyhrávať nad duglaskami najmä schopnosť rásť v hlbokom prítmí vysokých stromov. Mláďatá tejto Severoameričanky totiž potrebujú oveľa viac svetla a v škôlke domácich listnatých stromov vyhynú. Mladé duglasky majú šancu iba vtedy, ak im človek pomôže vytínaním okolitých stromov a na zem prenikne slnko.

Nebezpečné to začne byť vtedy, keď sa objavia cudzinci geneticky veľmi blízki domácim druhom. Takýto prípad je smrekovec japonský, ktorý u nás naráža na smrekovec opadavý. Domáci druh často rastie krivo a nie veľmi rýchlo, preto ho v minulom storočí neraz nahradil Japonec. Oba druhy sa ľahko krížia a vytvárajú zmiešané formy. Preto hrozí nebezpečenstvo, že vo vzdialenej budúcnosti vymiznú aj posledné čistokrvné európske smrekovce opadavé. Aj v mojom revíri sa vytvoril takýto mišmaš, pričom u nás v Eifeli nie je od prírody doma ani jeden z týchto druhov. Ďalší kandidát, ktorému hrozí podobný osud, je topoľ čierny. Mieša sa s hybridnými topoľmi, vysadenými pestovanými sortami, ktoré sa krížia s kanadskými druhmi topoľov.

Väčšina dovezených druhov je pre domáce stromy skôr neškodná. Bez našej pomoci by mnohé z nich najneskôr po dvoch storočiach vymizli. Ba aj s našou pomocou je prežitie nových občanov z dlhodobého hľadiska otázne. Aj k nim patriace parazity totiž využívajú globálne teplé prúdy. Aktívny import neexistuje, veď kto by dovážal škodlivé organizmy? Ale hubám a hmyzu sa krok po kroku darí spolu s importovaným drevom prekonávať Atlantik či Pacifik a usalašiť sa u nás. Často je to obalový materiál, zväčša drevené palety, ktoré podľa predpisu neprešli horúcim vzduchom, usmrcujúcim škodlivé organizmy. Na vlastnej koži som zažil, že aj balíky súkromných osôb zavše obsahujú živý hmyz. Do svojej zbierky indiánskych predmetov každodennej potreby som získal starú mokasínu. Pri vybaľovaní koženej topánky zabalenej v novinovom papieri mi vypochodovali v ústrety malé hnedé chrobáčiky, ktoré som šmahom ruky chytil, rozpučil a hodil do smetí. Udivuje vás, že také dačo vzišlo z pera ochrancu prírody?

Privlečený hmyz, ktorý sa u nás usadí, sa stáva smrteľným nebezpečenstvom nielen pre nové, ale aj domáce druhy stromov. Napríklad taký fúzač ázijský k nám pravdepodobne pricestoval z Číny v drevených obaloch. Chrobák meria tri centimetre a má šesťcentimetrové tykadlá.

Na jeho tmavé telo s bielou strakatou pásikavou vzorkou je naozaj pekný pohľad. No našim listnatým stromom sa nezdá taký atraktívny, lebo do úzkych štrbiniek v kôre kladie vajíčka. Z nich sa vyliahnu nenásytné larvy, ktoré hĺbia do kmeňa diery hrubé ako palec. Kmeň napadnú huby a napokon sa zlomí. Chrobáky sa doteraz sústreďovali v mestských oblastiach, čo deťom ulice z radov stromov spôsobovalo ďalšie problémy. Ešte sa uvidí, či sa rozšíria aj do uzavretých lesných porastov, lebo chrobáčiky sú veľmi lenivé a najradšej zostávajú v okruhu niekoľkých stoviek metrov od svojho rodiska.

Iný privandrovalec z Ázie postupuje celkom ináč. Invazívna huba hymenoscyphus pseudoalbidus sa práve chystá doraziť väčšinu európskych jaseňov. Jej plodnice vyzerajú neškodne a roztomilo, jednoducho drobunké huby vyrastajúce z opadnutých stopiek listov. Vlastné hubové pletivo však šarapatí vo vnútri stromov a ničí jeden konár za druhým. Niektoré jasene vlnu útokov naoko prežijú, ale je otázne, či aj v budúcnosti budú potoky vrúbiť jaseňové lesy. V tejto súvislosti si občas robím starosti, či aj my lesníci trochu neprispievame k šíreniu tejto huby. Na vlastné oči som si prezrel poškodené lesy v južnom Nemecku a potom som sa vybral na obhliadku vlastného revíru. V tých istých topánkach! Nemohli mi zostať na podošvách drobné spóry týchto húb, ktoré som ako čiernych pasažierov odniesol do Eifelu? Tak či onak, huba medzičasom napadla už aj prvé jasene v Hümmeli.

Napriek tomu nie som skľúčený pri pomyslení na budúcnosť našich lesov. Veď práve na veľkých kontinentoch (a euroázijský je najväčší zo všetkých) sa musel každý druh vyrovnať s prišelcami. Sťahovavé vtáky vo svojom perí a silné orkány podchvíľou prinášali semienka nových druhov stromov, spóry húb či drobné živočíchy. Stromy dožívajúce sa veku 500 rokov istotne už zažili nejedno prekvapenie. A na základe veľkej genetickej rozmanitosti v rámci jedného druhu stromov vždy existuje dosť jedincov, ktoré vedia odpovedať na novú výzvu. „Prirodzených" nových občanov, ktorí privandrovali bez ľudského pričinenia, ste možno objavili aj medzi vtákmi. Napríklad hrdlička záhradná k nám priletela v 30-tych rokoch z oblasti Stredozemného mora. Drozd čvíkota, hnedosivý vták s čiernymi škvrnami, sa už 200 rokov presúva zo severovýchodu na západ a medzičasom dorazil do Francúzska. Zatiaľ nevieme, aké prekvapenie nám v perí priniesol.

Z hľadiska odolnosti domácich lesných ekosystémov voči takýmto zmenám je rozhodujúca ich nedotknutosť. Čím intaktnejšie je sociálne spoločenstvo, čím vyrovnanejšia je mikroklíma pod stromami, tým ťažšie sa votrelci usadia. Klasickým príkladom sú rastliny, o ktorých sa píše v článkoch s palcovými titulkami, ako napríklad boľševník obrovský. Pôvodne pochádza z Kaukazu a dosahuje výšku vyše tri metre. Pre pekný vzhľad jeho bielych súkvetí s priemerom až pol metra doviezli rastlinu do strednej Európy už v 19. storočí. Tu unikla z botanických záhrad a odvtedy sa veselo šíri po našich nivách a lúkach. Jeho šťava v kombinácii s ultrafialovým žiarením spôsobuje ranky podobné popáleninám, preto boľševník obrovský považujeme za veľmi nebezpečný. Každoročne vynakladáme miliónové investície na vyklčovanie a zničenie tejto rastliny – bez veľkého úspechu. Kríky sa šíria len preto, lebo v údoliach potokov a riek chýbajú pôvodné lužné lesy. Keby sa k nám vrátili, pod ich korunami by nastala taká tma, že tieto rastliny by rýchlo vymizli. To isté platí pre netýkavku žliazkatú alebo pohánkovec japonský, ktoré namiesto stromov osídľujú brehy. Keď hospodáriaci človek prenechá tento problém stromom, podarí sa ho vyriešiť.

Toľko som už toho popísal o domácich druhoch, že možno nastal čas položiť si otázku, čo vlastne vyjadruje pojem „domáci“. Ako domáce druhy zvykneme označovať tie, ktoré sa prirodzene vyskytujú v rámci hraníc našej krajiny. Klasickým príkladom zo živočíšnej ríše je vlk, ktorý sa v 90-tych rokoch opäť objavil vo väčšine stredoeurópskych krajín a odvtedy ho považujeme za pevnú súčasť tunajšej fauny. Predtým sa dlhší čas ojedinele vyskytoval v Taliansku, vo Francúzsku a v Poľsku. Podľa toho je vlk v Európe domáci už veľmi dávno, ibaže nie v každom štáte. Nechápeme však priestorovú jednotu príliš zoširoka? Keď hovoríme, že v Nemecku sú domáce delfíny sviňuchovité, sú potom doma aj v hornom Porýní? Vidíte, to by bola nezmyselná definícia. Domáci druh musí zaberať oveľa menší priestor a orientovať sa na prírodnú oblasť, nie na hranice vytýčené ľuďmi. Prírodnú oblasť charakterizuje jej výbava (voda, druh pôdy, topografia) a lokálna klíma. Ak sú tieto podmienky pre určitý druh stromu optimálne, usídli sa tam. Môže to napríklad znamenať, že v Bavorskom lese v nadmorskej výške 1 200 metrov sa smreky vyskytujú prirodzene, kým o 400 metrov nižšie a iba kilometer odtiaľ ich nepovažujeme za domáce – tam držia kormidlo v rukách buky a jedle. Odborníci na to zaviedli výraz „endemický“, čo znamená, že niektorý druh by na určitom mieste zapustil korene aj prirodzene. Na rozdiel od našich veľkoplošných štátnych hraníc sa hranice druhov podobajú spoločenstvu malých štátov. Keď človek neberie do úvahy štátne hranice a prinesie smreky a borovice do teplých nížin, ihličnany sa tam udomácnia. Takto sme sa dostali k môjmu obľúbenému živočíchovi –

mravcovi hôrnemu. Považujeme ho za ikonu ochrany životného prostredia a na mnohých miestach ho mapujeme, chránime a v prípade konfliktu nákladne presídľujeme. Proti tomu niet čo namietať, veď predsa ide o ohrozený živočíšny druh. Ohrozený? Nie, aj mravce hôrne patria k novým občanom. Doputovali v sprievode smrekov a borovíc privezených na účely lesného hospodárstva, lebo v istom zmysle sú závislé na ihličí. Bez týchto pichľavých tenkých lístočkov nemôžu stavať mraveniská, čo dokazuje, že v pôvodných domácich listnatých lesoch sa nevyskytovali. Navyše obľubujú slnko, ktoré im musí svietiť na príbytok aspoň niekoľko hodín denne. Najmä na jar a na jeseň, keď je v tieni citeľne chladno, im zopár teplých lúčov daruje ďalšie aktívne dni. Preto tmavé bukové lesy nie sú pre ne vhodným životným priestorom a mravce hôrne sú lesníkom zaiste vďačné, že veľké plochy vysadili práve smrekmi a borovicami.

Zdravý lesný vzduch?

Lesný vzduch je synonymom zdravia. Ten, kto sa chce zhlboka nadýchnuť alebo si na dobrom vzduchu zašportovať, vyrazí do lesa. Má na to dôvod. Vzduch pod stromami je naozaj zreteľne čistejší, lebo stromy fungujú ako obrovské filtrovacie zariadenia. Lístie aj ihličie je sústavne vystavené vzdušným prúdom a zachytáva väčšie i menšie lietajúce častice. Za rok to môže byť až 7 000 ton na štvorcový kilometer.[51] Príčinou je obrovská plocha korún. Pri porovnaní s lúkami je stokrát väčšia, čo možno vysvetliť aj samotným rozdielom vo výške trávy a stromu. Prefiltrovaný vzdušný balast však nepozostáva výlučne zo škodlivín, ako sú sadze, ale aj z rozvíreného prachu a peľu. Lenže podiel pochádzajúci z produkcie ľudských rúk je mimoriadne škodlivý. Kyseliny, jedovaté uhľovodíky a zlúčeniny dusíka sa sústreďujú pod stromami podobne ako tuk vo filtri kuchynského digestora.

Stromy vzduch nielen filtrujú, ale aj čo-to k nemu pridávajú. Sú to vonné posolstvá a pravdaže aj fytoncídy, o ktorých som sa už zmienil. Pritom sa ich filtračné schopnosti značne líšia v závislosti od druhu stromov. Ihličnaté lesy znižujú koncentráciu choroboplodných zárodkov vo vzduchu, čo jasne cítia najmä alergici. Smreky a borovice sa pri zalesňovaní dostali aj do oblastí, kde pôvodne neboli doma. Tam tieto privezené druhy narážajú na značné problémy. Väčšinou sú to nízko položené územia, kde je pre ihličnany priveľmi sucho a teplo. Preto je tam prašnejší vzduch, čo možno pozorovať v lete oproti svietiacemu slnku. Smrekom a boroviciam tu ustavične hrozí smäd, preto prichádzajú lykožrúty a vrhajú sa na ľahkú korisť. A koruny horúčkovito vysielajú vonné posolstvá – stromy „volajú“ o pomoc a uvádzajú do chodu svoj chemický obranný potenciál. Toto všetko nasávate s každým vdýchnutím lesného vzduchu do pľúc. Je možné, že podvedome registrujete stav pohotovosti? Ohrozené lesy sú nestabilné a nevhodné pre človeka ako životný priestor. A keďže naši predkovia z doby kamennej stále hľadali optimálne miesto, kde by sa mohli usadiť, bolo by užitočné, keby sme vedeli intuitívne vycítiť stav nášho okolia. To potvrdzuje aj vedecké pozorovanie, podľa ktorého krvný tlak návštevníkom ihličnatého lesa stúpa, kým v listnatom lese pozvoľna klesá.[52] Jednoducho sa otestujte sami a presvedčte sa, v akom type lesa sa cítite veľmi dobre.

V odbornej tlači nedávno písali o tom, že reč stromov má na nás vplyv.[53] Kórejskí vedci vyšetrovali staršie ženy, ktoré sa prechádzali po lese a po meste. Výsledok: Ženám prechádzajúcim sa po lese sa upravil krvný tlak, kapacita pľúc aj elasticita artérií, zatiaľ čo vychádzky v meste nespôsobili nijaké zmeny. Nie je vylúčené, že fytoncídy majú priaznivý účinok aj na náš imunitný systém, lebo usmrcujú choroboplodné zárodky. Osobne si však myslím, že šumiaci rečový koktail stromov je jedným z dôvodov, prečo sa v lese cítime dobre. Prinajmenšom v intaktnom lese. Turisti, ktorí chodievajú do niektorej zo starých lesných rezervácií listnatých stromov v mojom revíri, mi opakovane referujú, ako tam pookrejú na duši a cítia sa ako doma. Ak sa však prechádzate po ihličnatých lesoch, ktoré boli v strednej Európe väčšinou vysadené a dnes sú z nich chúlostivé umelé útvary, nemáte takéto pocity. Možno preto, že v bukových lesoch sa ozýva menej „volania na poplach“, namiesto toho si stromy vymieňajú viac informácií o tom, ako dobre sa cítia, a tie aj nám vniknú nosom do mozgu. Som presvedčený, že inštinktívne vieme zhodnotiť zdravie lesov. Len to vyskúšajte!

Navzdory rozšírenému názoru lesný vzduch nemusí vždy byť mimoriadne bohatý na kyslík. Tento životne dôležitý plyn sa vytvára pri fotosyntéze a uvoľňuje sa pri štiepení oxidu uhličitého. Na štvorcový kilometer sa ho každý letný deň zo stromov do vzduchu uvoľní okolo 10 000 kilogramov. Pri dennej spotrebe necelé kilo na hlavu to vystačí pre rovnaký počet ľudí. Každá lesná prechádzka sa tak zmení na ozajstnú kyslíkovú sprchu. Ale iba cez deň. Stromy totiž vyrábajú veľa glycidov nielen na uloženie vo forme dreva, ale aj na utíšenie svojho hladu. Pri ich spotrebúvaní sa cukor v bunkách rovnako ako u ľudí mení na energiu a oxid uhličitý. Cez deň to vo vzduchu veľmi necítiť, lebo celkovo pretrváva nadbytok kyslíka. Naproti tomu v noci fotosyntéza neprebieha, čiže oxid uhličitý sa neštiepi, práve naopak. Potme prebieha jedine spotreba, v bunkových elektrárňach sa spaľuje cukor a uvoľňuje sa množstvo oxidu uhličitého. Ale nemajte obavy, ani pri nočnom výlete sa nezadusíte! Trvalé prúdenie vzduchu zabezpečí, aby sa všetky prítomné plyny dokonale premiešali a pokles kyslíka vo vrstvách tesne nad zemou nebol príliš badateľný.

Ako vlastne stromy dýchajú? Časť ich „pľúc“ vidíme: je to ihličie a lístie. Na spodnej strane majú drobné štrbinové otvory, ktoré sa podobajú drobunkým ústočkám. Tadiaľ vypúšťajú kyslík a prijímajú oxid uhličitý – a v noci je to naopak. Od listov cez kmeň po korene vedie dlhá cesta, preto môžu dýchať aj korene. Inak by listnaté stromy v zime zahynuli, veď striasli na zem svoje nadzemné pľúca. Strom napriek tomu naďalej beží na malý plyn, rastú mu aj korene, teda si musí z rezervy vyrábať energiu, na čo potrebuje kyslík. Preto je pre stromy osudné, keď majú pôdu okolo kmeňa natoľko udupanú, že sa im upchajú vzdušné kanáliky. Prinajmenšom časť koreňov sa udusí a strom ochorie.

Vráťme sa k nočnému dýchaniu. Nielen stromy potme produkujú oxid uhličitý. V lístí, mŕtvom dreve a v iných spráchnivených rastlinných častiach sa darí miniatúrnym živočíchom, hubám a baktériám; počas žráčskych orgií strávia všetko zužitkovateľné a vzápätí to vylúčia vo forme humusu. V zime je kyslíka ešte menej. Stromy sa uložia na zimný spánok a kyslíka nepribúda ani cez deň, zatiaľ čo život pod zemou veselo pokračuje – tak horúčkovito, že pôda ani pri krutom mraze nezamrzne hlbšie ako päť centimetrov. Hrozí zimnému lesu nebezpečenstvo? Záchranou sú globálne vzdušné prúdy, ktoré stále prinášajú na kontinenty čerstvý morský vietor. V slanej vode žije nespočetné množstvo rias, ktoré po celý rok zabezpečujú, aby voda vypúšťala kyslík. Jeho nedostatok vykompenzujú tak dobre, že aj pod zasneženými bukmi a smrekmi sa môžeme nadýchnuť z plných pľúc.

Apropo spánok: Položili ste si niekedy otázku, či ho stromy vôbec potrebujú? Čo by sa stalo, keby sme im chceli prilepšiť a v noci by sme im svietili, aby si mohli vyrobiť ešte viac cukru? Podľa terajších vedeckých poznatkov by to nebol dobrý nápad. Stromy zjavne potrebujú pokojnú fázu rovnako ako my, a keby sme im ju odopreli, malo by to porovnateľne katastrofálne následky. Už v roku 1981 písali v časopise *Das Gartenamt*, že za hynutie dubov v americkom meste zo štyroch percent zodpovedá nočné osvetlenie. A čo dlhá zimná prestávka? Tento test si nedobrovoľne spravilo viacero lesných nadšencov. Informoval som o ňom v kapitole „Zimný spánok". Priniesli si domov mladé duby a buky s úmyslom pestovať ich v kvetináčoch na parapetnej doske. V útulnej obývačke sa z teplotného hľadiska zima nekoná, preto sa väčšine mladých stromčekov nedostáva chvíľky oddychu a prosto rastú ďalej. Ibaže jedného dňa sa im nedostatok spánku vypomstí a naoko vitálna rastlinka zahynie. Teraz možno namietnete, že mnohé zimy nestoja za veľa a v nízkych polohách sa ledva vyskytne zopár mrazivých dní. Navzdory tomu listnaté lesy zhodia lístie a znovu vypučia až na jar, lebo ako sme už spomenuli, riadia sa aj dĺžkou dňa. Nemalo by to teda fungovať aj u stromčekov na parapete? Možno by to šlo, keby ľudia vypli kúrenie a trávili zimné večery potme. Ale príjemných 21° C a teplého bieleho elektrického svetla sa nikto len tak nevzdá, lebo u nás doma vedia vyčarovať umelé leto. Lenže večné leto žiadny stredoeurópsky lesný strom nevydrží.

Prečo je les zelený?

Prečo rozumieme rastlinám oveľa menej ako zvieratám? Dejiny evolúcie nás veľmi rýchlo oddelili od rastlinstva. Všetky naše zmysly fungujú na inom princípe a ak chceme mať aspoň akú-takú predstavu, čo sa v stromoch odohráva, musíme zapojiť obrazotvornosť. Pekným príkladom je naše farebné videnie. Milujem kombináciu žiarivo modrej oblohy nad sýtozelenými vrcholcami stromov. Pri takejto prírodnej idylke si najviac odpočiniem. Zhodol by som sa v tom so stromami? Odpoveď by zrejme znela: „Áno aj nie." Modrá obloha, veľa slnka – aj pre buky, smreky a iné druhy stromov je to určite veľmi príjemné. Na ne však pôsobí modrá farba menej romanticky či upokojujúco, skôr znamená štartovací signál: „Začína sa hostina." Bezoblačné nebo totiž značí najvyššiu intenzitu svetla, teda aj optimálne podmienky pre fotosyntézu. Stromy čaká horúčkovitý výkon na doraz, modrá teda znamená veľa práce. Oxid uhličitý a voda sa menia na cukor, celulóza a iné glycidy sa spracúvajú a ukladajú, stromy sa najedia na prasknutie.

Zelená farba má celkom iný význam. Prv než sa dostaneme k typickej farbe väčšiny rastlín, vynára sa ďalšia otázka: Prečo je svet vlastne pestrofarebný? Slnečné svetlo je biele, jeho odraz tiež. V podstate by sme mali byť obkolesení opticky čistou krajinou pripomínajúcou klinické prostredie. Nie je to tak, pretože každý materiál inak pohlcuje svetelné častice alebo ich mení na iné žiarenie. Len vlnové dĺžky, ktoré zostanú navyše, sa odrazia a vidia ich napríklad naše oči. Farbu živočíchov a predmetov teda určuje farba odrazeného svetla. V prípade stromov je to zelená. Lenže prečo nie čierna, prečo sa nepohltí všetko svetlo? V listoch sa svetlo pomocou chlorofylu mení a keby stromy všetko bezo zvyšku zužitkovali, asi by nič nezostalo – les by bol aj cez deň tmavý ako noc. No chlorofyl má jednu nevýhodu – „zelenú dieru". Absorbuje modrú a červenú časť svetelného spektra, túto farebnú oblasť teda nedokáže využiť a nevyužitú ju odráža späť. Tento nedostatok spôsobuje, že vidíme zvyšky fotosyntézy, a preto sa nám takmer všetky rastliny javia sýtozelené. Koniec koncov je to odpad svetla, nadbytok, ktorý stromy nepotrebujú. Pre nás je to fajn, ale stromu je to nanič. Páči sa nám príroda, ktorá odráža odpad? Neviem, či to tak vnímajú aj stromy, ale jedno je isté: Z modrého neba sa hladné buky či smreky tešia rovnako ako my.

Farebná medzera v chlorofyle je zodpovedná aj za iný jav – zelený tieň. Keď napríklad buky prepúšťajú na zem maximálne tri percentá slnečného svetla, musela by tam byť cez deň takmer tma. Ako sa presvedčíme pri lesnej prechádzke, tma tam nie je. Napriek tomu tu takmer nerastú iné rastliny; dôvod spočíva v tom, že tieň sa líši podľa farby. Mnohé farebné tóny sa odfiltrujú už v korune a napríklad červená a modrá farba ťažko prenikne nadol, to však neplatí pre „odpadovú" zelenú farbu. A keďže ju stromy nepotrebujú, jej veľká časť skončí na zemi. Preto v lese panuje zelené prítmie, ktoré má výborný relaxačný vplyv na ľudskú psychiku.

V našej záhrade rastie buk, ktorý navidomoči obľubuje červenú. Zasadil ho jeden z mojich predchodcov a medzičasom z neho vyrástol mohutný strom. Mne sa veľmi nepáči, jeho listy na mňa pôsobia nezdravým dojmom. Stromy s červeným lístím nájdeme v mnohých parkoch, vnášajú rozmanitosť do zelenej jednotvárnosti. V nemeckom odbornom žargóne nesú tieto stromy prídomok „krvavý", čo mi nie je práve sympatické. V podstate by mi ich malo byť ľúto, lebo odchýlka od osvedčeného vzhľadu im škodí. Tento jav spôsobujú poruchy metabolizmu. Mladé pučiace lístky sú často aj u bežných stromov červenkasté, lebo ich jemné tkanivo obsahuje akýsi ochranný krém proti slnku. Sú to antokyaníny, ktoré blokujú ultrafialové žiarenie a chránia mladé lístočky. Keď vyrastú, látky sa pomocou enzýmov odbúrajú. Niektoré buky alebo javory sa však geneticky odchyľujú od normy, lebo im tento enzým chýba. Červeného farbiva sa nemôžu zbaviť, zostáva aj v dospelých listoch. Preto ostro odrážajú červené svetlo a premrhajú značný podiel svetelnej energie. Na fotosyntézu im síce ešte zostáva spektrum modrých tónov, ale v porovnaní so zelenými príbuznými to nestačí. V prírode sa tieto „krvavé" stromy občas vyskytujú, no keďže rastú pomalšie ako ich zelení kolegovia, nedokážu sa presadiť a po čase vymiznú. My ľudia však obľubujeme zvláštnosti, preto červené varianty vyhľadávame a cielene rozmnožujeme. Jedného nešťastie, druhého šťastie – tak sa dá opísať toto konanie, ku ktorému by v prípade poznania súvislostí možno nedochádzalo.

Existuje však iný hlavný dôvod, prečo rastlinám tak málo rozumieme: Stromy sú nekonečne pomalé. Ich detstvo a mladosť trvá v porovnaní s nami desaťnásobne dlhšie, celý život najmenej päťnásobne tak dlho. Aktívne pohyby ako rozvinutie listov alebo rast výhonkov zaberajú týždne až mesiace. Preto stromy budia dojem nehybných bytostí, sotva pohyblivejších od kameňov. Šumenie korún vo vetre, škrípanie vetiev a kmeňov pri kolísaní, keď les pôsobí živo, to všetko sú len pasívne pohyby, ktoré sú stromom nanajvýš nepríjemné. Niet divu, že mnohí súčasníci vidia v stromoch neživé predmety. Zato mnohé podkôrne procesy prebiehajú oveľa rýchlejšie. Voda a živiny, teda „krv stromu", tečú od koreňov k listom rýchlosťou až centimeter za sekundu.[54]

Aj ochrancovia prírody a mnohí lesníci sa v lesoch stávajú obeťou optických klamov – nečudo, veď človek je „očný živočích", ovplyvňuje ho najmä zrak. Preto pralesy v našich zemepisných šírkach vyzerajú na prvý pohľad často smutne, akoby boli chudobné na biologické druhy. Rozmanitosť živočíšneho sveta sa často odohráva v mikrokozme, ktorý zostáva pred očami návštevníkov skrytý. Všímame si iba väčšie druhy, ako sú vtáky a cicavce, aj tie dosť zriedka, lebo typické lesné zvieratá sú zväčša tiché a veľmi plaché. Preto sa ma návštevníci môjho revíru, ktorým ukazujem staré bukové rezervácie, neraz pýtajú, prečo tak málo počujú vtáky.

Druhy žijúce na voľnom priestranstve sú často hlučnejšie a nesnažia sa uniknúť z nášho zorného poľa. Možno to poznáte z vlastnej záhrady, kde si sýkorky, drozdy a červienky na nás rýchlo zvyknú a udržujú si odstup len zopár metrov. No lesné motýle sú väčšinou hnedé a sivé a pri oddychu sa maskujú ako kôra. Na rozdiel od nich sa druhy žijúce na voľnom priestranstve pretekajú v symfónii farieb a opalizujúcich efektov, preto ich nemožno prehliadnuť. Ani s rastlinami to nie je inak. Lesné druhy sú väčšinou malé a navzájom veľmi podobné. Pri niekoľkých stovkách druhov machu – jeden menší ako druhý – strácam prehľad dokonca aj ja, a to isté platí aj o veľkom počte lišajníkov. O koľko sympatickejšie v porovnaní s nimi sú stepné rastliny! Žiarivý, až dva metre vysoký náprstník, žlté starčeky, blankytné nezábudky – toľká nádhera poteší srdcia turistov. Niet divu, že poruchy v lesnom ekosystéme, keď víchrica alebo lesní robotníci vytvoria obrovské voľné plochy, vyvolávajú u niektorých ochrancov prírody vlny nadšenia. Úprimne veria, že to zvýši druhovú rozmanitosť, a prehliadajú dramatickosť situácie. Výmenou za niekoľko druhov žijúcich na voľnom priestranstve, ktoré sa výborne cítia na prudkom slnku, lokálne vymrú stovky druhov miniatúrnych živočíchov, o ktoré nikto ani nezakopne. Aj vedecká štúdia Ekologickej spoločnosti Nemecka, Rakúska a Švajčiarska dospela k záveru, že s rozmáhajúcim sa obhospodarovaním lesov síce narastá rozmanitosť rastlinstva, no nie je dôvod na oslavu, lebo je to skôr znak narušenia prirodzeného ekosystému.[55]

Odtrhnutý z reťaze

Keď si uvedomíme, koľkými dramatickými zvratmi prešla naša planéta, nemožno sa čudovať, že všeobecne rastie túžba po intaktnom životnom prostredí. Les v husto obývanej strednej Európe považujeme za posledné útočisko ľudí, ktorí chcú pookriať na duši v lone nedotknutej prírody. Lenže nedotknuté už nie je nič. Pralesy vymizli pred stáročiami pod sekerami a pluhmi našich predkov trpiacich hladom. Okrem sídel a polí znova máme veľké plochy porastené stromami. Lenže ide skôr o stromové plantáže jedincov rovnakého druhu a veku. Už aj politici vedia, že takéto útvary nemožno nazývať lesom. Preto v nemeckých politických stranách zavládol konsenzus, že človek nebude zasahovať aspoň do piatich percent lesov, aby z nich mohli vyrásť pralesy zajtrajška. Na prvý pohľad to nie je veľa a v porovnaní s tropickými krajinami, ktorým opakovane vyčítame nedostatočnú ochranu dažďových pralesov, je to priam zahanbujúce. Ale na začiatok to stačí. Hoci v Nemecku udelili slobodu iba necelým dvom percentám lesov, predsa len je to vyše 2 000 štvorcových kilometrov. Na tejto ploche môžeme pozorovať voľnú hru prírodných síl a na rozdiel od chránených prírodných oblastí, ktorým sa venuje nákladná starostlivosť, tu sa chráni nečinnosť, ktorá sa vedecky nazýva ochrana prírodných procesov. Príroda však kašle na to, čo od nej očakávame, preto vývoj často prebieha inak, ako by sme chceli.

V zásade platí, že proces návratu k pralesu napreduje o to rýchlejšie, o čo ďalej má chránená oblasť k prirodzenej rovnováhe. Najextrémnejší protiklad predstavuje neobrobená roľa a domáci trávnik, ktorý každý týždeň pokosíme. Aj pri našej horárni kde-tu v tráve objavím semenáčiky dubov, bukov a briez. Bez pravidelného kosenia by tam o päť rokov stál mladý dvojmetrový stromový porast a naša idylka by sa stratila v hustom lístí.

V prípade zalesnených území v súvislosti s návratom k pralesom najviac pútajú pozornosť smrekové a borovicové plantáže. A práve takéto lesy sú častou súčasťou nedávno vyhlásených národných parkov, lebo je zväčša ťažké dohodnúť sa na voľbe ekologicky hodnotnejších listnatých lesov. Na tom nič nie je, veď budúci prales môže vzísť aj z monokultúr. Ak človek prestane zasahovať, prvé výrazné zmeny spozorujeme už po niekoľkých rokoch. Bez zábran sa začne množiť a šíriť hmyz – drobné lykožrúty. Kedysi v šíku vysadené ihličnany, často vypestované v priveľmi teplých a suchých oblastiach, sa v takýchto podmienkach nevedia ubrániť útočníkom a v priebehu niekoľkých týždňov hynú s kompletne ohlodanou kôrou. V niekdajších hospodárskych lesoch sa napadnutie hmyzom šíri ako mor a zanecháva zdanlivo mŕtvu, spustošenú krajinu, poznačenú vybledmutými kostrami stromov. Miestnym pílam pri pohľade na to krváca srdce, kmene by totiž najradšej zužitkovali. S obľubou argumentujú aj turizmom, ktorý sa vraj pre bezútešný obraz nemôže riadne rozbehnúť. To je pochopiteľné – ak nepripravení výletníci vpochodujú do zdanlivo intaktných lesov a namiesto zdravej zelene natrafia na more odumretých stromov. Len v národnom parku Bavorský les vyhynulo od roku 1995 vyše 50 štvorcových kilometrov smrekových lesov, čo zodpovedá približne štvrtine celej plochy parku.[56] Niektorých návštevníkov zjavne viac šokuje pohľad na mŕtve kmene ako na prázdnu voľnú plochu. Vo väčšine národných parkov sa podvolia kritike a začnú pílam predávať stromy, v boji proti lykožrútom ich vyrúbu a odvezú preč – a to je veľká chyba! Odumreté smreky a borovice sú totiž pôrodnými asistentkami mladého listnatého lesa. Vo svojich mŕtvych telách zhromažďujú vodu a tak pomáhajú ochladzovať horúci letný vzduch na znesiteľné hodnoty. Keď sa stromy vyvrátia, nepreniknuteľná masa kmeňov vytvorí prirodzený plot, cez ktorý sa nedostane srnčia a jelenia zver. Vďaka takejto ochrane nepožerie mladé duby, jarabiny či duby a tie môžu nerušene rásť do výšky. Mŕtve ihličnany jedného dňa spráchnivejú a vytvoria cenný humus. V tomto období však prales ešte stále nerastie, lebo mláďatám stromov chýbajú rodičia. Drobci nemajú nikoho, kto by ich brzdil v raste, chránil a v období krízy nadájal cukrovým roztokom. Prvá prirodzená generácia stromov v národnom parku preto vyrastá skôr ako deti ulice. Aj druhové zloženie je spočiatku ešte neprirodzené. Niekdajšie drevné plantáže ihličnanov pred svojou rozlúčkou ešte rozosejú semená a medzi bukmi, dubmi a jedľami bielymi vyrastajú smreky, borovice a duglasky. Práve v tejto fáze úradom často dochádza trpezlivosť. Niet pochýb, že keby boli vypílili ihličnaté stromy, ktoré upadli do nemilosti, vývoj pralesa by postupoval rýchlejšie. Ale keby sme vedeli, že prvá generácia stromov rastie prirýchlo a preto sa nedožíva vysokého veku, v dôsledku čoho sa stabilná sociálna štruktúra lesa vytvára oveľa neskôr, možno by sme to sledovali uvoľnenejšie. Spolurastúce vysadené druhy sa najneskôr po sto rokoch rozlúčia, lebo keď ihličnany prerastú listnatým stromom cez hlavu, musia bez ochrany odolávať víchrici, ktorá ich nemilosrdne skosí. Prvé prázdne miesta v národnom parku zaplní druhá generácia listnatých stromov, ktorá teraz môže vyrastať pod ochranou listnatej klenby svojich rodičov. Aj keď sa rodičia nedožijú veľmi vysokého veku, na pomalý štart potomkov to stačí. Po dosiahnutí dôchodcovského veku sa prales ustáli v stabilnej rovnováhe a bude sa meniť už len nepatrne.

Medzičasom prešlo 500 rokov od založenia národného parku. Keby sme boli veľkoplošne zobrali pod ochranné krídla starý listnatý les, ktorý sa doteraz z hľadiska lesného hospodárstva využíval iba striedmo, na tento proces by bohato stačilo 200 rokov. Ale ak po celej krajine zahrnuli do chránených území lesy, ktoré mali ďaleko k prirodzeným lesom, v prvých desaťročiach treba rátať s dlhším časom (z hľadiska stromov) a mimoriadne búrlivou fázou premeny.

Časté chyby vznikajú pri odhadovaní vzhľadu európskych pralesov. Laici sa neraz domnievajú, že krajina zarastie húštinou a vytvorí sa nepreniknuteľný lesný porast. Tam, kde dnes prevládajú ako-tak schodné lesy, bude zajtra panovať chaos. Rezervácie, v ktorých človek vyše 100 rokov nerobil poriadky, dokazujú opak. Byliny a kríky v hlbokom tieni nemajú šancu, preto v prirodzených lesoch prevláda hnedá farba lesnej pôdy (najmä od starého lístia). Mladé stromčeky rastú extrémne pomaly a rovno, bočné haluze majú krátke a tenké. Prevládajú staré materské stromy, ktorých bezchybné kmene pripomínajú stĺpy katedrál.

V obhospodarovaných lesoch je práve naopak oveľa viac svetla, lebo ľudia ustavične odstraňujú stromy. Rastie tam tráva a krovie, černicové zátarasy bránia v usporiadaní cezpoľného behu. Ďalšie prekážky tvoria povaľujúce sa koruny vyťatých stromov; les má celkovo nevábny, priam neusporiadaný vzhľad. V porovnaní s ním sú pralesy v podstate veľmi schodné. Na zemi tu a tam vidieť zopár hrubých odumretých kmeňov tvoriacich prirodzené lavičky na odpočinok. Stromy dosahujú vysoký vek, preto len zriedkavo dochádza k pádu mŕtvych jedincov, ináč sa v lese toho deje málo. Počas jedného ľudského života nepozorujeme veľa zmien. Chránené oblasti, kde kultúrne lesy dostali možnosť premeniť sa na pralesy, teda upokoja prírodu a viac potešia ľudí hľadajúcich oddych.

A čo bezpečnosť? Vari každý mesiac nečítame o nebezpečenstvách, aké nám hrozia od starých stromov? Môžu odlomené konáre alebo celé stromy popadať na turistické chodníky, chaty alebo zaparkované autá? Istotne sa to môže pritrafiť. Lenže nebezpečenstvá hroziace v obhospodarovaných lesoch sú neporovnateľne väčšie. Vyše 90 percent škôd spôsobených víchricou postihlo ihličnaté stromy rastúce na nestabilných plantážach, kde sa klátia už pri nárazoch vetra 100 km/h. Nikdy som nepočul, že by sa starý a dlhšie neobhospodarovaný les stal obeťou takéhoto nečasu. Preto vyhlasujem motto: Nebojme sa divočiny!

Biorobot?

Pri sledovaní spoločných dejín ľudí a zvierat sa v posledných rokoch črtá pozitívny obraz. Hoci ešte stále existuje masový chov zvierat, pokusy na zvieratách a iné bezohľadné formy zneužívania nemých tvárí, našim zvieracím kolegom priznávame čoraz viac emócií a práv. V roku 1990 v Nemecku vstúpil do platnosti občiansky zákon na zlepšenie právneho postavenia zvierat, ktorý má zabrániť tomu, aby ľudia zaobchádzali so zvieratami ako s vecami. Stále viac ľudí sa vzdáva konzumácie mäsa a nakupuje uvedomelejšie, aby obmedzili trýznenie pri chove zvierat. Tento vývoj veľmi schvaľujem, lebo vieme, že zvieratá v mnohých oblastiach cítia podobne ako my. A to sa týka nielen nám blízkych cicavcov, ale dokonca aj hmyzu, napríklad ovocných mušiek. Výskumníci v Kalifornii zistili, že aj tieto miniatúrne tvory snívajú. Máme prejavovať súcit s muchami? Tak ďaleko sa väčšina ľudí zatiaľ nedostala, a keby aj, k lesom ešte vedie dlhá emocionálna cesta. Veď muchy a stromy delí v našej mysli takmer neprekonateľná priepasť. Veľké rastliny nemajú mozog, pomaličky sa pohybujú, zaujímajú sa o celkom iné veci a každodenný život prežívajú ako v spomalenom filme. Hoci každý školák vie, že stromy sú živé organizmy, zaobchádzame s nimi ako s vecami. Keď v peci radostne praskajú štiepky palivového dreva, je to horiace mŕtve telo buka alebo duba. Alebo papier knihy, ktorú práve držíte v ruke. Je vyrobený z nastrúhaných, výhradne na tento účel vyrúbaných (a teda usmrtených) smrekov a briez. Zdá sa vám to prehnané? Ja si to nemyslím. Keď si jasne uvedomíme, čo všetko sme sa dozvedeli v predchádzajúcich kapitolách, určite z toho môžeme vyvodiť paralelu k rezňom a ošípaným. Využívame živé tvory, zabíjame ich, aby sme uspokojili svoje potreby, na tom niet čo prikrášľovať. Na druhej strane vyvstáva otázka, či je naše konanie skutočne nemorálne. Veď aj my sme súčasťou prírody a telesnú konštrukciu máme prispôsobenú tak, že môžeme prežiť len s pomocou organickej hmoty iného biologického druhu. Túto nutnosť máme spoločnú so všetkými zvieratami. Otázne zostáva len to, či z ekosystému lesa nečerpáme viac, než nevyhnutne potrebujeme, a či pritom stromom, podobne ako zvieratám, nespôsobujeme zbytočné utrpenie. Rovnako ako u zvierat teda platí, že využívanie dreva je v poriadku, ak môžu stromy žiť spôsobom zodpovedajúcim ich druhovým potrebám. To znamená, že môžu uspokojovať svoje sociálne potreby, rásť v nefalšovanej lesnej klíme s intaktnou pôdou a odovzdávať vedomosti nastupujúcej generácii. Aspoň časť z nich by mala dostať možnosť dôstojne zostarnúť a uhynúť prirodzenou smrťou. To, čo sa pri výrobe potravín dosahuje ekologickým poľnohospodárstvom, sa v lese presadzuje prerezávkou. Pri prerezávke sa zmiešajú stromy všetkých vekových a výškových skupín, takže mláďatá stromov vyrastajú pod nohami svojich matiek. Iba občas šetrne vytnú dajaký kmeň, ktorý kone odtiahnu na ďalšiu stanicu. A aby sa aj staré stromy dovolali svojho práva, päť až desať percent plochy je chránenej. Drevo z takéhoto humánneho „chovu stromov" môžeme využívať bez zábran. Žiaľ, 95 percent súčasnej praxe v strednej Európe vyzerá celkom ináč, v monotónnych plantážach sa čoraz častejšie pracuje s ťažkými mechanizmami. Laici neraz intuitívne chápu nutnosť zmeny kurzu, často lepšie ako lesníci. Čoraz častejšie zasahujú do obhospodarovania verejných lesov a presadzujú v nich vyššie ekologické štandardy ako oficiálne miesta. Tak napríklad členovia občianskej iniciatívy Königsdorfskí priatelia lesa neďaleko Kolína presadili v roli mediátora medzi lesným úradom a ministerstvom zákaz používania ťažkých mechanizmov a klčovania listnatých stromov vyššieho veku.[57] Vo Švajčiarsku sa stará celý štát, aby všetky rastlinné druhy mali zabezpečený spôsob života primeraný ich druhovým potrebám. Spolková ústava stanovuje, že „... v styku so zvieratami, rastlinami a inými organizmami je potrebné zohľadňovať dôstojnosť živej bytosti". Napríklad je neprípustné bez rozumného dôvodu stínať hlavičky kvetinám na okraji cesty. Tento uhol pohľadu vyvoláva v medzinárodnom meradle skôr počudovanie, lenže ja bezpodmienečne vítam odstraňovanie morálnych hraníc medzi živočíšnou a rastlinnou ríšou. Keď sa ľudia zoznámia so schopnosťami vegetácie a uznajú jej citový život a potreby, potom by sa krok po kroku mal meniť aj náš spôsob zaobchádzania s rastlinami. Les nie je v prvom rade továreň na drevo a skladisko surovín, a len tak mimochodom komplexný životný priestor tisícok biologických druhov, ako to vníma súčasné lesné hospodárstvo. Práve naopak. Ak sa môže zdravo rozvíjať, výborne plní funkcie, ktoré sú v mnohých zákonoch o lese postavené nad výrobu dreva: ochrannú a oddychovú funkciu. Aktuálne diskusie ochranárov životného prostredia a užívateľov lesa, ako aj prvé dobré výsledky, napríklad tie z Königsdorfu, dávajú nádej do budúcnosti, že tajný život lesov sa zachová a naši potomkovia na prechádzke medzi stromami neprestanú žasnúť. Veď práve toto tvorí jeho ekosystém: bohatstvo života, desaťtisíce navzájom prepojených a od seba závislých biologických druhov. Krátky príbeh z Japonska v náznakoch ozrejmuje, aké dôležité je globálne prepojenie lesov s ostatným prírodným prostredím. Kacuhiko Macunaga, morský chemik z Hokkaidskej univerzity, zistil, že do mora sa z opadaného lístia potokmi a riekami vyplavujú kyseliny a podnecujú rast planktónu, ktorý je prvým a najdôležitejším stavebným kameňom potravinového reťazca. Pomôže nám les získať viac rýb? Bádateľ inicioval výsadbu stromov pozdĺž pobrežia, čo skutočne prinieslo rybárom a chovateľom ustríc vyššie výnosy.[58] Lenže starostlivosť o stromy by mal zdôvodňovať nielen materiálny úžitok. Oplatí sa zachovať aj neviditeľné záhady a zázraky, ktoré s nimi súvisia. Pod listnatou klenbou sa každodenne odohrávajú drámy a dojímavé ľúbostné príbehy, je to posledný kúsok prírody pred našimi dverami, kde ešte možno zažiť dobrodružstvo a objaviť tajomstvo. A ktovie, možno jedného dňa skutočne rozlúštime reč stromov a získame materiál pre ďalšie neuveriteľné príbehy. Dovtedy pri najbližšej prechádzke lesom dajte krídla svojej fantázii – často nie je až taká vzdialená od reality!

Poďakovanie

Považujem za dar, že dokážem toľko písať o stromoch, lebo pri každodennom rešeršovaní, premýšľaní, pozorovaní a kombinovaní sa učím nové veci. Je to dar od mojej ženy Miriam, ktorá si v nespočetných rozhovoroch trpezlivo vypočula aktuálny stav, prečítala rukopis a navrhla nejedno zlepšenie. Bez môjho zamestnávateľa, obce Hümmel, by som nemohol chrániť prekrásny starý les vo svojom revíri, ktorý ma inšpiruje a kde sa rád túlam. Vydavateľstvu Ludwig ďakujem za možnosť sprístupniť svoje myšlienky širokej čitateľskej verejnosti a v neposlednom rade ďakujem Vám, milé čitateľky a milí čitatelia, že ste spolu so mnou odhalili niektoré tajomstvá stromov – lebo len ten, kto ich pozná, ich môže aj chrániť.

Poznámky

1. Anhäuser, M.: Der stumme Schrei der Limabohne, v: MaxPlanck-Forschung 3/2007, s. 64 – 65
2. tamže
3. http://www.deutschlandradiokultur.de/die-intelligenz-der--pflanzen. 1067.de.html?dram:article_id=175633, zo dňa 13. 12. 2014
4. https://gluckspilze.com/faq, zo dňa 14. 10. 2014
5. http://www.deutschlandradiokultur.de/die-intelligenz-der--pflanzen. 1067.de.html?dram:article_id=175633, zo dňa 13. 12. 2014
6. Gagliano, Monica, et al.: Towards understanding plant bioacoustics, v: Trends in plants science, Vol. 954, s. 1 – 3
7. Neue Studie zu Honigbienen und Weidenkätzchen, Univerzita v Bayreuthe, Pressemitteilung Nr. 098/2014, zo dňa 23. 05. 2014
8. http://www.rp-online.de/nrw/staedte/duesseldorf/pappelsamen--reizen-duesseldorf-aid-1.1134653, zo dňa 24. 12. 2014
9. »Lebenskünstler Baum«, scenár k vysielaniu na pokračovanie »Quarks & Co«, WDR, s. 13, máj 2004, Kolín
10. http://www.ds.mpg.de/139253/05, zo dňa 9. 12. 2014
11. http://www.news.uwa.edu.au/201401156399/research/move-over-elephants-mimosas-have-memories-too, zo dňa 08. 10. 2014
12. http://www.zeit.de/2014/24/pflanzenkommunikation-bioakustik
13. http://www.wsl.ch/medien/presse/pm_040924_DE, zo dňa 18. 12. 2014
14. http://www.planet-wissen.de/natur_technik/pilze/gift_und_speisepilze/ wissensfrage_groesste_lebewesen.jsp, zo dňa 18. 12. 2014
15. Nehls, U.: Sugar Uptake and Channeling into Trehalose Metabolism in Poplar Ectomycorrhizae, dizertačná práca zo dňa 27. 04. 2011, Univerzita v Tübingene
16. http://www.scinexx.de/wissen-aktuell-7702-2008-01-23.html, zo dňa 13. 10. 2014

17. http://www.wissenschaft.de/archiv/-/journal_content/56/12054/1212884/Pilz-t%C3%B6tet-Kleintiere-um-Baum-zu-bewirten/, zo dňa 17. 02. 2015
18. http://www.chemgapedia.de/vsengine/vlu/vsc/de/ch/8/bc/vlu/transport/wassertransp.vlu/Page/vsc/de/ch/8/bc/transport/wassertransp3.vscml.html, zo dňa 9. 12. 2014
19. Steppe, K., et al.: Low-decibel ultrasonic acoustic emissions are temperature-induced and probably have no biotic origin, v: New Phytologist 2009, č. 183, s. 928 – 931
20. http://www.br-online.de/kinder/fragen-verstehen/wissen/2005/01193/, zo dňa 18. 03. 2015
21. Lindo, Zoë, a Whiteley, Jonathan A.: Old trees contribute bioavailable nitrogen through canopy bryophytes, v: Plant and Soil, máj 2011, s. 141 – 148
22. Walentowski, Helge: Weltältester Baum in Schweden entdeckt, v: LWF aktuell, 65/2008, s. 56, Mníchov
23. Hollricher, Karin: Dumm wie Bohnenstroh?, v: Laborjournal 10/2005, s. 22 – 26
24. http://www.spektrum.de/news/aufbruch-in-den-ozean/1025043, zo dňa 9. 12. 2014
25. http://www.desertifikation.de/faktensammlung/fakten-degradation/, zo dňa 30. 11. 2014
26. Prednáška Dipl.-Biol. Klara Krämer, Aachenská univerzita, 26. 11. 2014
27. Fichtner, A., et al.: Effects of anthropogenic disturbances on soil microbial communities in oak forests persist for more than 100 years, v: Soil Biology and Biochemistry, zväzok 70, marec 2014, s. 79 – 87, Kiel
28. Mühlbauer, Markus Johann: Klimageschichte. Príspevok na seminári: Wetter und Klima WS 2012/13, s. 10, Univerzita v Regensburgu
29. Mihatsch, A.: Neue Studie: Bäume sind die besten Kohlendioxidspeicher, v: Pressemitteilung 008/2014, Univerzita v Lipsku, 16. 1. 2014
30. Zimmermann, L., et al.: Wasserverbrauch von Wäldern, in: LWF aktuell, 66/2008, s. 16
31. Makarieva, A. M., Gorshkov, V. G.: Biotic pump of atmospheric moisture as driver of the hydrological cycle on land. Hydrology

and Earth System Sciences Discussions, Copernicus Publications, 2007, 11 (2), s. 1013 - 1033
32. Adam, D.: Chemical released by trees can help cool planet, scientists find, v: The Guardian, 31. 10. 2008, https://www.theguardian.com/environment/2008/oct/31/forests-climatechange, zo dňa 30. 12. 2014
33. http://www.deutschlandfunk.de/pilze-heimliche-helfershelfer--des-borkenkaefers.676.de.html?dram:article_id=298258, zo dňa 27. 12. 2014
34. Möller, G. (2006): Großhöhlen als Zentren der Biodiversität, http://biotopholz.de/media/download_gallery/Grosshoehlen_-_Biodiversitaet.pdf, zo dňa 27. 12. 2014
35. Goßner, Martin, et al.: Wie viele Arten leben auf der ältesten Tanne des Bayerischen Walds, v: AFZ-Der Wald, č. 4/2009, s. 164 - 165
36. Möller, G. (2006): Großhöhlen als Zentren der Biodiversität, http://biotopholz.de/media/download_gallery/Grosshoehlen_-_Biodiversitaet.pdf, zo dňa 27.12.2014
37. http://www.totholz.ch, zo dňa 12. 12. 2014
38. http://www.wetterauer-zeitung.de/Home/Stadt/Uebersicht/Artikel,-Der-Wind-traegt-am-Laubfall-keine-Schuld-_arid,64488_regid,+3_puid,1_pageid,113.html
39. http://tecfaetu.unige.ch/perso/staf/notari/arbeitsbl_liestal/botanik/laubblatt_anatomie_i.pdf
40. Claessens, H. (1990): L'aulne glutineux (Alnus glutinosa): une essence forestière oubliée, v: Silva belgica 97, s. 25 – 33
41. Laube, J., et al.: Chilling outweighs photoperiod in preventing precocious spring development. V: Global Change Biology (online 30. október 2013)
42. http://www.nationalgeographic.de/aktuelles/woher-wissen-die-pflanzen- wann-es-fruehling-wird, zo dňa 24. 11. 2014
43. Richter, Christoph: Phytonzidforschung – ein Beitrag zur Ressourcenfrage, v: Hercynia N. F., Leipzig 24 (1987) 1, s. 95 - 106
44. Cherubini, P., et al. (2002): Tree-life history prior to death: two fungal root pathogens affect tree-ring growth differently. – J. Ecol. 90: 839 – 850.
45. Stützel, T., et al.: Wurzeleinwuchs in Abwasserleitungen und Kanäle, štúdia Univerzity Ruhr-Universität Bochum, Gelsenkirchen, s. 31 – 35, júl 2004

46. Sobczyk, T.: Der Eichenprozessionsspinner in Deutschland, BfN-Skripten 365, Bonn-Bad Godesberg, máj 2014
47. Ebeling, Sandra, et al.: From a Traditional Medicinal Plant to a Rational Drug: Understanding the Clinically Proven Wound Healing Efficacy of Birch Bark Extract. V: PLoS One 9(1), 22. január 2014
48. USDA Forest Service: http://www.fs.usda.gov/detail/fishlake/ /home/ ?cid=STELPRDB5393641, zo dňa 23. 12. 2014
49. Meister, G.: Die Tanne, s. 2, vydavateľ: Schutzgemeinschaft Deutscher Wald (SDW), Bonn
50. Finkeldey, Reiner, a Hattemer, Hans H.: Genetische Variation in Wäldern – wo stehen wir?, v: Forstarchiv 81, s. 123 – 128, M. & H. Schaper GmbH, júl 2010
51. Harmuth, Frank, et. al.: Der sächsische Wald im Dienst der Allgemeinheit, Staatsbetrieb Sachsenforst, 2003, s. 33
52. v. Haller, A.: Lebenswichtig aber unerkannt. Vydavateľstvo Boden und Gesundheit, Langenburg 1980
53. Lee, Jee-Yon, a Lee, Duk-Chul: Cardiac and pulmonary benefits of forest walking versus city walking in elderly women: A randomised, controlled, open-label trial, in: European Journal of Integrative Medicine 6 (2014), s. 5 – 11
54. http://www.wilhelmshaven.de/botanischergarten/infoblaetter/wassertransport.pdf, zo dňa 21. 11. 2014
55. Boch, S., et al.: High plant species richness indicates management--related disturbances rather than the conservation status of forests, v: Basic and Applied Ecology 14 (2013), s. 496 – 505
56. http://www.br.de/themen/wissen/nationalpark-bayerischer-wald104.html, zo dňa 9. 11. 2014
57. http://www.waldfreunde-koenigsdorf.de, zo dňa 7. 12. 2014
58. Robbins, J.: Why trees matter, v: The New York Times, 11. 04. 2012, http://www.nytimes.com/2012/04/12/opinion/why-trees-matter.html?_r=1&, zo dňa 30. 12. 2014

12,90